雇用のゲームチェンジャー

Game Changer

あなたの知らないジョブ型の世界

仲　俊二郎［著］

Naka Shunjiro

経営書院

はじめに

かつて日本はジャパン・アズ・ナンバーワンとその経済力を評価されたが、今はもうない。ＧＤＰは世界４位に落ち、品質を誇った技術立国日本の地位も失われた。

そこではグローバリズムという名の下に金銭至上主義の嵐が吹き荒れ、金儲けがすべてという風潮がはびこっている。利益を出すためなら、品質不正など、どんな悪事を働くのもいとわない。どの企業も一様に職能資格制度がもたらす年功賃金の重荷に耐えられず、四苦八苦で、かといって、抜本改革に踏み出せずにあえいでいる。

遅ればせながら職務給制度への脱皮の必要に気づき、一部の企業では試行錯誤が始まった。しかし、外側だけを変えて中身を変えないごまかしに終わりはしないか。人事制度の改変ですむ話でないのを理解してほしい。職務給制度がもつ文化的・社会的意味を十分理解したうえで、取り組んでいただきたいと願っている。

はたして日本企業は生き残れるのだろうか。結論をいうなら、私はイエスと言おう。むしろ勝ち残り、ジャパン・アズ・ナンバーワンの地位を取り戻せるはずだと信じる次第である。

鎖国をしたり、逃げ出すのではない。今あるグローバルなビジネスの土俵で戦うのだ。そのためにはやみくもに職務給に走るのではなく、日本独自の職能資格制度で培った平等の精神を大切にすればいい。つまり、職能資格制度と職務給制度のハイブリッド雇用である。本書では、なぜそうすべきなのかを論じたいと考えている。

私事で恐縮だが、私は大学卒業後、川崎重工へ入社した。人事厚生部門にいたあと、長年プラント輸出に従事し、47歳の時に米系化学会社のジャパン支社に転職。入社後、ジャパン代表としてアメリカ本社で3カ月間、マネジメント訓練を受け、人事の基本を学ぶ機会を得た。以来、十数年、アメリカ企業に身を置き、私なりに彼らの生き様を知ることができたと思う。

昭和、平成、令和を生き、そして日本企業とアメリカ企業を経験した人間として、明るい未来につながるよう、日本企業の進むべき道について述べたいと思う。そのために、これまでの知見を整理し、米欧の資料にあたり、本稿を執筆した次第である。

これからの人事マネジメントの成否が、日本企業の命運を左右することは間違いない。そして、その先に新たな日本の雇用社会の姿が見えてくるはずである。人事マネジメントに携わるすべての人たち、そして、これからの雇用社会を生きるすべての働く人たちに、ぜひ読んでいただきたい。

２０２４年秋

筆者

雇用のゲームチェンジャー【目次】

第2章　こんなに違う雇用実態……31

Game Changer

第3章　こんなにある賃金格差……89

第4章　ジョブ型雇用と階層社会……117

Game Changer

第5章　入口から違うジョブ型雇用……165

Game Changer

おわりに　グローバル経済で生き残るために

第1章

あなたの知らない
ジョブ型の世界

数年前から、人事の世界やメディアでは、「ジョブ型」というワードが流行している。これは、政府や経団連が「ジョブ型への移行」を強く提唱しているからだ。何のために提唱しているかというと、世界経済における日本の地位向上のためである。筆者も、その方向性には賛成するが、その進め方には首をかしげざるを得ない。自身の長い国際ビジネス経験で学んだことは、雇用システムの違いは、働く人々の意識の違い、生き方の違いを生み出し、ひいては社会構造や文化にも影響を与えているということだ。しかし、昨今のジョブ型雇用の議論には、その観点が抜け落ちているようにみえる。

この第1章では、こういう現状に対し、この本でお伝えしたいことをダイジェスト的に述べたい。「ジョブ型の世界」とは、このような世界なのである。

職務給は転職を容易にする

職務給＝ジョブ型雇用の米欧では、職務＝ポストの数が決まっていて、その内容にマッチした人材が配置される。同じ職務に複数の同等級の社員は存在しない。あくまでも職務が先にあって、人材はそのあとにくっつくのだ。

該当職務の上司であるマネジャーが辞めないかぎり、部下は能力が上がっても、給料はそのままで昇進はなし。その職場で辛抱するか、転職して新天地でよりよい条件を獲得するかのどちらかの選択しかない。現に多くの人が後者の形でステップアップしている。

転職はサラリーマンにとって日常の出来事であり、活発である。新人の一括大量採用はなく、ある部署の職務に空きが出ると、職務記述書を公表し、その都度、募集する。通年採用で、新卒も既卒も経験者も１つの職務をめぐって同じ土俵で戦うのだ。だから学生は在学中に必死で勉強し、目指したいキャリアの科目を専攻する。同時にインターンシップを利用して、少しでも実務経験を積もうとする。アルバイトをしている暇などとてもない。

企業も一流大学の成績優秀な学生の価値を知っていて、彼らをより高い給与で採用し、エリートとして管理職の階段を上らせようとする。そういう意味で、米欧は典型的な学歴主義だ。日本のような東大、京大、早慶といった「大学名」主義ではない。

日本では大学名さえ一流であれば、中身が空っぽの学生でも、面接のエントリーは優遇される実態がある。逆に無名大学の学生は最初のエントリー段階で頭からはねられることがある。某大企業の人事部長が「今年は東大を○○人採用できた」などと、自慢気に語っていたのを聞いた。

米欧は階級社会、日本は共生社会

米欧の社員は、入社時点から、社内で階層化されていて、学歴により、上層・下層（上級職・下級職、上級社員・下級社員）あるいは上層・中層・下層（上級職・中級職・下級職、上級社員・中級社員・下級社員）と分かれ、以後、何十年間も同じ層のまま働くことになる。上層のエリートは昇進・昇給の階段を上って行き、給与はどんどん上がるが、下層の社員は30年たっても4割ほどしか給与が上がらない低空飛行が続く（注：上級職・中級職・下級職、上級社員、中級社員・下級社員は、等級によって区分している。以下、上級、中級、下級と略記している場合がある。また、上層、中層、下層を上流、中流、下流と表記している場合がある）。

この階層の壁を超えるのはほぼ不可能である。しかし、だからといって、下層の社員に不満があるわけではない。

というのは、職務記述書で契約した仕事をただ機械的に毎日続ければよく、勤務成績のことなどには無関心。定時になったらさっさと帰宅し、子どもの世話をしたり、一家団欒を楽しんだりして、ワークライフバランスを満喫できるからである。

しかし、それは階層を超えるのが困難だという現実がそうさせているということを忘れてはならない。ステップアップを諦めていることからくる消極的な満足なのである。この不満の蓄積は長い目で見れば、社会の力を弱体化させていく。

一方、日本は階層がほぼ存在せず、和を貴ぶ平等社会であり、人間尊重の共生社会なのである。これは日本の強みなのだ。今日、日本経済は一神教国主導のグローバリズムに破壊されたが、やりようによっては再び日本が世界経済を引っ張る時が必ず来ると筆者は信じている。

職務給は解雇を可能にする

さて米欧では職務給型なので、経営上、その職務・ポスト・事業が不必要と判断されれば、人数にかかわらず、堂々と解雇できる。誰も文句を言わない。労働法規が解雇に柔軟だからではなく、職務給型だからこそできるのだ。

一方、日本は職能等級制度によるメンバーシップ型雇用なので、能力が上がれば自動的に昇進・昇給する。したがって、役なし部下なしの管理職が増え続け、総人件費の増大を防げない。せいぜい賃金ピークを50歳ぐらいで抑えるか、子会社へ転籍させるのが関の山。抜本的解決策である整理解雇は困難なまま、企業体力の消耗が続いていく。

人事部は、役割給や職責給、成果主義など、いろいろな対策を講じるものの、効果はない。なぜなら職能等級制度という外面の色を、職務給的に見える色に塗り替えただけで、中身はそのままだからである。

ところで最近、某大手自動車メーカーが年功序列制を廃止し、人事評価の要素から年次や学歴、職歴、入社形態を外すと発表した。心意気やよし！だが、はたしてこれで大丈夫なのか。大胆な発想ではあるが、これも混乱こそすれ、抜本解決にならないのではないかと危惧する。

理由は簡単。職務給＝ジョブ型への全面的な移行、また新卒一括採用から通年採用への移行に踏み込んでおらず、人事権は会社がもつなど、終身雇用という「病気の根源」を維持したままに思えるからである。

政府の骨太の方針（２０２３年、２０２４年）では、三位一体の労働市場改革が掲げられている。それを達成するには、どうしても日本的雇用形態を変える以外にないのだ。ただこの自動車メーカーの心意気は大歓迎。たとえ一部的な成功ではあっても、その成功体験はその他大勢のちゅうちょ組を励ましてくれるだろう。

男性社員の育児休業取得が進まないのが日本社会の大きな課題になっている。男性の育児休業取得率（産後パパ育休を含む）は30・１％である（厚労省の「令和５年度雇用均等基本調査」による）。

また男性が育児休業制度を利用しない主な理由は、三菱ＵＦＪリサーチ＆コンサルティング「平成29年度仕事と育児の両立に関する実態把握のための調査研究事業　労働者調査」によると、①「業務が繁忙で職場の人手が不足していた」38・５％、②「職場が育児休業を取得しづらい雰囲気だった」33・７％、③「自分にしかできない仕事や担当している仕事があった」22・1％、④「収入を減らしたくなかった」16・0％である。①②③を足せば、80％近くになる。まさに「他者への忖度・気兼ね」という持ちつ持たれつの農耕民族の特徴が出ている。

これが米欧ならあり得ない回答だろう。雇用形態が、「契約した職務をしっかり遂行すればいい」という職務給型なので、社員に迷いはないのである。

また今は昔と違い、企業活動がグローバルになっている。海外への工場立地は言うに及ばず、人材も世界中から日本企業に就職するだけでなく、むしろこちらからAIやITなどの技術をもつ有能な外国人をスカウトする時代だ。そうなると、日本人社員が大半を占める職場で外国人社員の一部だけが職務給という構図が生まれ、とても効率的とは思えない。

一様にはいかない職務給移行

日本がグローバルな戦いに生き残り、ゴーイングコンサーンとして発展していくには、好むと好まざるとにかかわらず、世界と同じ土俵で戦う以外にないのだ。職務給＝ジョブ型への移行と、通年採用の実施である。

しかしこれは人の生き方、ひいては社会構造の変革に連なる大きな問題であり、よほどの決意がなければ達成は困難だろう。だが、ためらっている時間はない。

ただ、だからといって、一気に全社を職務給型に変えることは混乱をもたらし、危険である。社内の可能な職種から徐々に始め、時間と共に、できる部分を増やしながら取り入れていくのが現実的ではないだろうか。

外食産業や不動産業、百貨店、スーパーなどの物品販売、自動車販売、生命保険などがその方向に舵を切り出した。まだ産業界の一部とはいえ、走り出しているのは心強い。これらの業種では社員教育の期間が比較的短くて済み、必要な職務レベルに到達する時間が短いという特徴がある。

その点、重厚長大やハイテクの製造業、商社などは、専門分野における知識・技能・技術・経験の蓄積が、長期にわたってなされなければならない。会社が行う社員教育に時間を要するのである。５年、10年はかかるだろう。

ただし、部分的に職務給へ移行するときに気を付けなくてはならないことがある。社員教育が長期にわたる場合、仕事（ジョブ）が社内になくなったからといって転職を促せば、訴訟になる可能性があるということだ。ここで問題が起こる。それは訴訟での裁判官の判断だ。裁判官は「会社が新人を一から教育して、配属先まで決めている」とみなし、「だから途中で見捨てずに最後まで面倒を見なさい」と結論づけることになる。社員の能力が劣るとか、会社業績が悪いからとかの理由で解雇する前に、全力を尽くして社員を教育・指導するように求めてくる。

メンバーシップ型雇用の職能資格制度や新卒一括採用、人事部による配属先決定を維持する一方、部分的に職務給や通年採用を取り入れても、足かせは残る。裁判官の判断に与える影響は少ない。結局、これでは人員削減ができず、総人件費の増大にストップをかけられないのである。

変わり始めた企業

ちょっとグッドニュースを述べよう。近年、優秀な人材の不足が顕著になってきた。

そのため、会社によっては一律定年、ある年齢以降の一律減給にこだわらず、独自の工夫をしている企業がある。60代社員に現役並みの処遇をするのだ。

例えば住友化学。２０２４年4月から定年を今の60歳から段階的に引き上げ、最終的に65歳に変更。引上げ対象は組合員の営業、製造、専門人材ら全職種で、年収は59歳末時点と同水準にする。これまでは60歳以降は希望者を再雇用してきたが、給与水準は4～5割程度に抑えていた。今回の改定で、60歳以降の給与水準は約2倍に増える。つまり59歳時点と同じ水準になるというわけだ。村田製作所も２０２４年4月以降、59歳以前の賃金体系を維持しながら定年を65歳に引き上げる。

ただ、このように成長が見込まれる業種の企業で、60歳になっても現給与を維持し、シニア雇用を確保するのは立派だが、「一律」というのはどうなのか。多少なりとも職務給的な要素を加味する良い機会ではないかと思うのである。

明治安田生命保険の定年は65歳だが、２０２７年度から70歳に延長する方針を決めた。対象は保険を販売する営業職員以外の社員約1万人で、今、労働組合側と協議を進めている。それまでと同等の職務を担う場合は、給与水準を維持するという。職務給的要素を加味して職能等級制度を薄める絶好の機会であろう。

先述のとおり政府は、「骨太方針２０２３」で雇用政策の根本的転換を発表した。職務給への移行と労働移動の円滑化、社員の個人的なリスキリング（学び直し）にも取り組む旨を強調している。従来のリスキリングは主に企業が学びの機会を提供してきた。しかし今後は労働者が主体的に取り組めるように政府自らが個人への直接支援を拡充するという。

こうした流れを見ると、今こそピンチをチャンスに変える絶好の機会到来である。日本経済再生は一に企業のやる気にかかっているといってよい。

100%米欧に倣う必要はない

誤解しないでいただきたいのは、１００％米欧に倣う必要はないということだ。筆者は何でもかんでも米欧式にせよと言っているのではない。

グローバリズムがもつ悪い意味での金銭至上主義からは決別し、日本人の魂の根底に根づく武士道精神を堅持しつつ、不正を排除する倫理意識に基づいた正しい経営を行う勇気をもたねばならない。外国の英知を取り入れながら、最後は日本流を突き詰

図表１　日本企業の進むべき道

めることが重要である。

資本主義勃興期の明治にそれを貫いた人物がいた。「日本資本主義の父」と呼ばれた渋沢栄一だ。彼が生涯をかけて追い続けた「道徳経済合一」という理念がある。私利私欲ではなく、公益を追求する「道徳」と、利益を求める「経済」。この2つが事業において両立しなければならないと考え、実践した。道徳と経済がそもそも同等の位置にあり、一緒に進むべきものと考えたのである。

「利益に走るだけで道徳がなければダメだ」と考え、一方で「道徳があっても利益が出て継続性がなければいけない」と考えた渋沢の経営方針は、利益至上主義の陥穽に落ちた現代経営者に警鐘を乱打している。

幕末に黒船と呼ばれた蒸気船サスケハナ号で来日したペリー提督は、著書『日本遠征記』の中で、日本人の教育水準の高さや、職人の腕の良さ、礼節を尊ぶ国民性に感嘆している。道徳や規範でも日本は東洋諸国の中で異質であると、舌を巻いた。

また、手工業者たちの技術は完璧で、彼らが一度文明世界の過去から現在（幕末時…筆者注）に至る技能を所有したなら、強力な競争者として、将来の機械工業の成功を目指す競争に加わるに違いないと、170年前に日本人の資質・倫理観・道徳性を喝破していたのである。そして歴史がそれを証明した。現に日本は今、弱体化しているとはいえ、世界の先進工業国の一員となって久しい。

昨今、大企業でたて続けに起こっている社内検査の不正問題は、「何が何でも利益を上げろ」という金銭至上主義がもたらした悪例の一つである。元来、日本は技術立国を自負し、モノづくりが得意で、世界から品質が良いとの評判を得ていた。技術にはキラリと光るものがあった。それがグローバリゼーションの嵐に翻弄されて、あっという間に崩れ落ちたのだった。

今からでも遅くはない。職能資格制度と職務給とを組み合わせた「ハイブリッド型雇用」を切り札（ゲームチェンジャー）として、日本企業再生のスタートを始めていただければと願っている。業種によっては米欧式職務給への移行が可能な企業もあるが、難しければ、日本流のハイブリッド雇用を採用するのが賢明であろう。すなわち、若手は職能資格制度、課長以降は職務給である。この二段構えは長年、職能資格制度に親しんできた日本企業だからこそできる強みでもある。

それでは、次の第2章から、ジョブ型の世界と日本のこれまでの世界（日本型雇用システム）の違いをもう少し詳細に見ていこう。

日本型雇用システム＝メンバーシップ型雇用とは、簡単に言うと、年功序列と終身雇用、新卒の一括採用、人事部の配属決定権、定期異動によるゼネラリスト育成、そして終着点の定年退職という雇用慣行を指す。一方、米欧の「職務給、職務主義、ジョブ型」とは何なのか。この両者を知ることが、日本企業再生を考えるうえで重要になる。

併せて、日本と米欧の民族の違いをしっかり押さえておく必要があろう。文化や習慣、宗教など、両者は根源的に異なる社会なのだ。そう簡単に職務給へ移行できるとは考えられない。日本型雇用システムの変革は茨の道であり、社会構造そのものの大転換への道なのである。

第2章

こんなに違う 雇用実態

1 職務等級制度の世界

職務価値による等級制度

職務等級制度とは、職務価値の大きさによって序列をつくる等級制度を指す。その職務価値は、仕事の内容や難易度を基準としている。勤続年数や能力などの属人的要素は加味されない。

そもそも「職務」とは、どういう仕事をするかという業務のまとまりのことである。管理職の場合は、部長や課長などのポストを指す。業務やポストにおける価値の大きさを「ジョブサイズ」と呼び、それを測定することで、「職務＝ポスト」に対する等級を定めるのだ。等級ごとに給与が決められている。

ポストが決まれば、人材を採用し、そこに配置する。ポストに空きが発生すると、社内で募集が行われるが、それで補充されない場合、職務内容とポストを明示し、それに合った人材を外部から採用することになる。日本のように社内ローテーションでどこかから人材を探してくるのではなく、自部門でけりをつけるのである。

このように「職務＝ポスト」に応じて人材を採用するので、基本的に社内応募以外には部門をまたいだ人事異動はない。だから、例えば経理部門に配属された社員は、退職するまでずっと経理部門で経験を積んでいくこととなる。

ポストの種類や数は経営計画によって決まっている。管理職だけでなく、末端の事務員までがそうである。売上規模や業務量などから、好き嫌いの感情を交えずに合理的に必要数が決められる。ポストの定員は恣意的に増減できない。

JD（ジョブ・ディスクリプション）の役割

ＪＤ（ジョブ・ディスクリプション　Job Description）とは職務内容記述書のこと。人材を採用したり、配置するポジションやポストを決めるにあたり、担当する職務内容、必要なスキルなどを記す。

記載内容としては、職務名、所属部署、報告先上司、ＦＬＳＡ（アメリカ公正労働基準法　Ｆａｉｒ　Ｌａｂｏｒ　Ｓｔａｎｄａｒｄｓ　Ａｃｔ）ステータス（エグゼンプトかノンエグゼンプトか）、職務内容、職務に必要な知識・技術・資格、業務目標、ただし書き、従業員の署名などから成る。

給与はＪＤのポスト＝等級に基づいて決められる。そのためには事前に職務評価を行う。企業内だけでなく、職務を客観的に比較するための情報として、外部労働市場における同一職務の賃金相場や他職務の賃金相場を考慮に入れる。

つまり業界の市場価格を参考にするのである。多くの報酬サーベイ会社があり、産業別、企業別、職種別、地位別の詳細な給与情報を提供している。

職務記述書に明示された職務を遂行できれば、誰でも賃金は同じ。「同一労働・同一賃金」が原則なので、性別・年齢・勤続年数のような属人的要素は考慮しない。

しかしＪＤには欠点がある。綿密に規定し過ぎて硬直化し、社員が孤立主義になって融通がきかなくなった。そこで、昨今のＪＤにはたいてい「その他、使用者が命じた事項」というふうに付記している。

図表２　外資系企業の給与の決め方

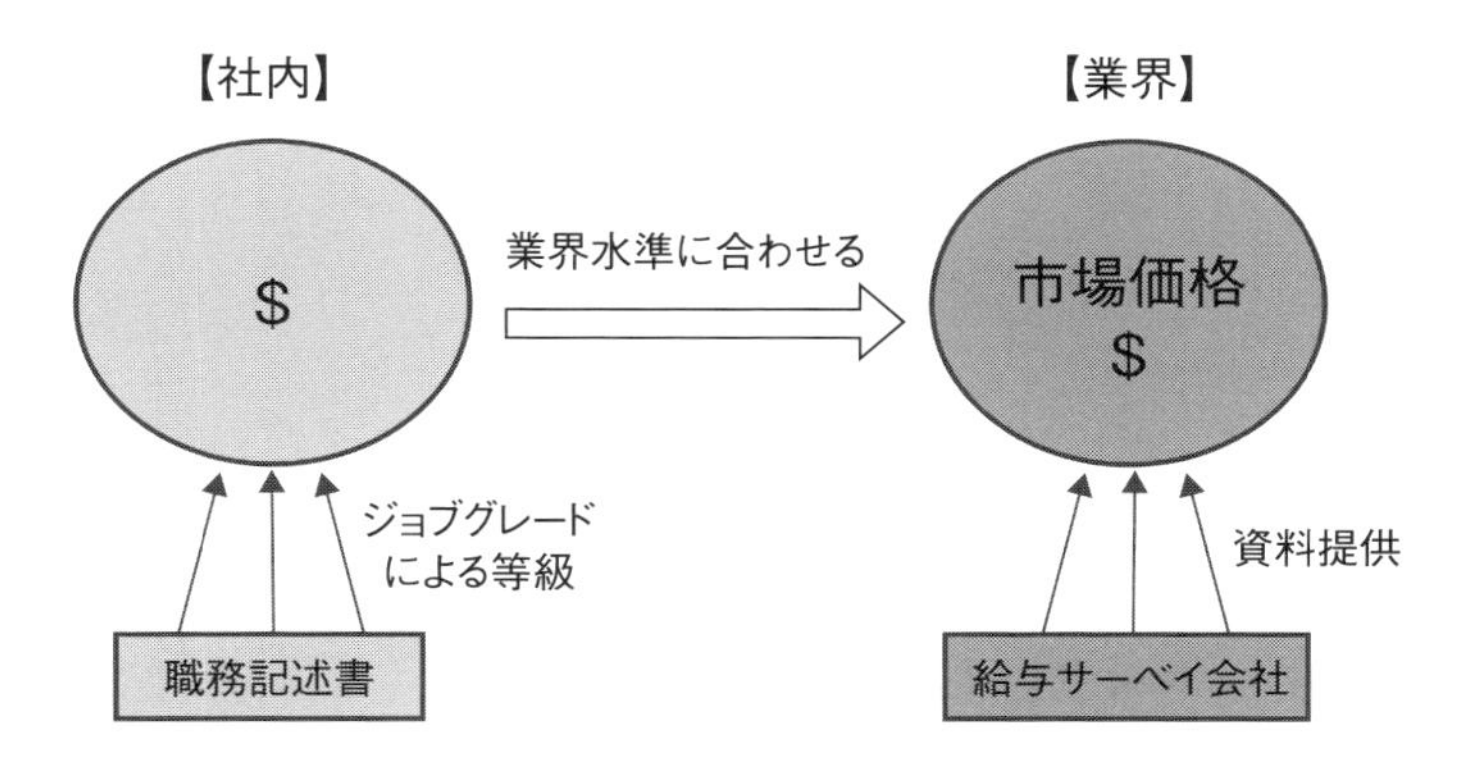

あるいは職務範囲や責任などの上位概念だけを書くなど、やや一般的、概括的で抽象的な表現が見られるようになった。しかしその場合でも、ポスト＝等級を決める大まかな職務は明記している。これは後に何かの事情で裁判になった時に必要だからである。

転職があたり前

職務給は求める職務内容やレベル、資格が明確なので、企業側と転職希望者とのマッチングが容易である。求めるジョブに見合うだけの「経験、スキル」があれば、必ず職が見つかる。年齢が高いからといって、はねられない。ただし、オファーされる賃金は30歳であろうと50歳であろうと、同一だが。これが日本企業なら、「将来の成長を考えたら、もっと若いほうがいい」と、書類選考に入る前に高齢者はアウトになるだろう。

しかし職務給は社員にとっては怖い制度だ。企業から不要と見なされれば容赦なく解雇されるから。そのためにも社員は自分の力で専門性を深め、キャリアを形成する

図表３　メンバーシップ型雇用と職務給型雇用（ジョブ型雇用）の比較

項　目	メンバーシップ型雇用	職務給型雇用（ジョブ型雇用）
等級制度	職能等級制度	職務等級制度
考え方	人に仕事を付ける	仕事（職務・ジョブ）に人を付ける
評価基準	職務遂行能力、役職、勤続年数	職種・業務の専門性、実績、職務の難易度、責任の度合い、ジョブサイズ
給　与	年功序列賃金（勤続年数）の色合いが濃い	能力・実績・ポストに基づく
スキル	幅広い知識。ゼネラリスト	職務における専門性が必要。プロフェッショナル・スペシャリスト
昇級・昇給	頑張って能力が上がれば、会社の収益状況に関係なく給与が上がる。下がることはない。ただし収益悪化時はボーナスで年収調整される	職務の達成度・実績により昇級・昇給、降級・降給がある
マッチする制度	年功序列、終身雇用	成果主義、同一労働同一賃金
人材採用	職務を特定せず、毎年春に新卒一括採用。専門性に関心なし。即戦力の必要性はない	職務に欠員が生じた時にその都度、職務に合った即戦力の人材を採用。通年採用。新卒学生も既卒者や転職者と同じ土俵で面接に臨み、戦う
教育	時間をかけて長期にOff-JT・OJTを実施。ジョブローテーションを通じてゼネラリストを育成。企業ビジョンに沿った人材育成が可能	ホワイトカラーには教育を行わない。即戦力として実務に就かせる。ただしブルーカラーの現場労働者は安全の観点から教育を行う
人事異動	会社の権限で本人の同意なしに異動できる	会社に異動の権限なし。異動には本人の同意が必要
解雇	労働法制は柔軟だが、整理解雇・普通解雇の実行は困難	整理解雇・普通解雇が容易
出世	学士は皆が管理職を目指し、出世の無間階段を上る	入社時から学歴による上流・中流・下流の階層分化が厳しい
愛社精神	強い	弱い

ことが求められるのである。

転職があたり前の世界なので、能力のある人は転職を繰り返しながら、給与やスキルをどんどん上げていく。ジョブ型とは、「豊かになる者」と「豊かにならない者」の差が明確になる怖い雇用制度なのである。

ところで転職希望者の大体の割合だが、20代労働者の80％近くがキャリアを深めるために会社を変えたいと考えており、30代では60％強、40代では50％強となっている。そして実際に転職する人は、20代、30代の大卒者でみると、50％近くに達し、以後は徐々に減って、45歳以上の層でみると、一転して15％くらいにまで低下している。

ただ、基本的に異業種への転職は厳しいだろう。なぜなら、企業は応募者の前職を参考にして実力や能力を判断するからである。

アメリカの大卒サラリーマンは、若いうちはどんどん転職してキャリアを積み、自分の可能性を追求するが、40代が近づくにつれ、むしろ転職を避けて、定着して仕事をする傾向があるようだ。

日本でも一流大企業の大卒新入社員が、半年とか1年くらいで転職するケースが増えてきた。彼らは雑巾がけから始まる育成システムに失望し、自分は将来何を目指すのかという、キャリア形成の重要性を知ったからではないか。

大卒新入社員のおおむね1割が1年以内に離職している。なかには1日もあり、入社式の日に退職しているのだ。また厚生労働省によると、全国で就職後3年以内に退職した人は、高卒者で37・0％、大卒者で32・3％（２０２０年卒）で、およそ３人に１人が離職している勘定だ。

多くの企業が働き方改革で若手社員を大切に扱い、「ホワイト企業」であろうと努めている。社員を叱らず、大事に扱い、お客様扱いをするのである。つまりホワイト企業が高じて「ゆるいブラック企業」に化しているという。やる気のある若手には、難易度が高くてストレスフルな仕事でも成長につながるのなら、残業も休日出勤も一向に構わないという心意気がある。それなのに、成長につながる負荷の高い仕事に恵まれず、失望する若者が多い。職場での成長の機会がないということなのだ。今後、ますますこういうケースが増えてくるだろう。

異動には本人の同意が必要

部署に欠員が生じたらどうするか。日本では人事部が他部署から人を異動させる。人事権をもっているので、本人の同意は不要。

しかし米欧ではそうはいかない。昇進・異動は労働者の合意によってなされるのである。社内に適切な人物がいたら、必ず本人の同意を得るか、あるいは社内公募し、それでも適任者が見つからなかった場合に外部から採用する。

企業に一方的な人事権はなく、社員の意に反した異動は不可なのだ。ニューヨークからデトロイトへとか、ニューヨーク本社内で資金担当から財務担当への異動なども駄目。同じ経理部内でも、債権担当から決算担当への異動も勝手にはできない。それは職務＝ポストが固定されていて、動かすことができないからである。

だから米欧の中流・下流のホワイトカラーは、一生、同じ職務＝ジョブをやり続けるのが一般的だ。となると、年月と共に熟練度が増し、より短い時間で効率よく目標を達成できる。その代わり倦怠感が増し、会社への忠誠心は失われるが、難度の高い仕事をしているわけではないので、会社業績への悪影響はあまりない。

彼らは20年、30年勤めても、年収はそれほど上がらないが、大方の人は一応、満足している。その分、定時に帰宅して、家族団欒の時間が持て、ワークライフバランスを楽しめるからである。夫婦で働いているので、所帯年収は2倍になり、金銭的には上流ホワイトカラーとそれほど変わらない。

育児・介護中の社員の立場について一言。仕事が単純で賃金がそれほど上がらず、一生非管理職でいる場合、メリットがある。出産・育児・介護などによる休職や復職が、やりやすくなるのだ。というのは、会社も業務に精通したベテラン社員は失いたくないから。

一般的に会社は、男女共、賃金が上がらないままで熟練度を保つ社員には、年齢が上がっても辞めてほしいとは思っていない。

その結果、若者が割を食うというデメリットが生じている。若者は経験が浅く、同じような賃金でも、スキルが不足しているため、企業が若年者の雇用をちゅうちょするのである。そのため、若年の失業率が上がっている。

これと対極にあるのが日本だ。若者には優しい国である。出世の無間階段を上っていく若者は熟年に比べ、安い賃金で済むので、企業は雇用して育成したいと考える。その結果、若年者の失業率が下がるのだ。

職務給はこのように労働者の生き方、ひいては社会の構造に大きく影響している。そういう文化をもつ職務給型へ向かって日本は進んで行かねばならない。小手先で人事制度を変えて済むという話ではないのだ。

役所や銀行を見れば働き方がわかる

イギリスやフランスの役所、銀行、スーパーなどへ行くと、従業員の働き方がよくわかる。筆者もたびたび経験したが、フランスの銀行で手持ちのドルからフランに両替しようと窓口に並んだ時だ。

やっと自分の番が来てほっとしたのも束の間。何と担当者が隣の別の係の人と何やら冗談めいた話を始めた。どうも個人的な話のようだ。客を待たせたまま5分くらい話したのち、ようやく筆者に向き直って、「さて」と、要件を聞き始めたのである。筆者は「ここはフランスなのだ」と、自分に言い聞かせた。

そのフランスでもう一つ。リール市にある国内最大の重機メーカーを訪問し、工場で立ったまま技術課長の説明を聞いていた。ちょうど作業員がクレーンで重そうな機械のパーツを持ち上げて、何やら作業をしている。その時、5時の終業サイレンが鳴った。

すると、ほとんど同時に作業員がクレーンで機械パーツをゆらゆらと吊ったまま、操作室から出てきた。そして「じゃあ、お先に」とフランス語で言って帰り支度を始めたのである。技術課長は「また明日ね」と返し、自分が操作室へ入って作業の続きをやり出した。これには「へえー」と驚いた。

イギリスの役所では慌ててしまった。昼休み前に緊急の手続きをせねばならず、息せき切って駆け込んだのだが、いきなりこう言われた。「すみません。今からちょっとランチに行くので、2時に来てくれませんか」。

こんな場面に、米欧ではしょっちゅう出くわす。彼らは別に悪気があるのではない。

給与が上がるわけでもなし、一生、同じ仕事をして、定時に帰る労働者なのだ。客に愛想を良くしたり、効率を気にしたり、必要以上に頑張るなどとは無縁の存在である。そういうことはＪＤでは求められていない。悪事と間違いさえ犯さなければ働き続けられるのだ。

これらは日本ではとても考えられない行動だろう。日本では、末端の事務員やアルバイトであっても、「お客様は神様」の意識で顧客に接している。しかし米欧では、ＪＤ以上のことはしなくてもよいことになっているのである。それに、そういう親切心を発揮したところで、査定や給与が上がるわけではないのを本人たちも顧客も知っている。

余談になるが、外国人観光客が来日して観光地を訪問したとき、店や旅館の従業員たちに真心のこもった親切を受け、大いに感動している様子がテレビでよく映し出される。それもそのはず。母国では売店の販売員やホテルの従業員が顧客に必要以上に頑張って尽くすという習慣はないからである。ただチップ制の職場は例外だ。顧客から良い印象を得ようと、愛想よくふるまうことになる。

2 アメリカの社員教育

即戦力採用、社員教育なし

アメリカ企業は欠員が生じた場合、その職務に合ったスキルと能力のある人材を、必要に応じてその都度募集する。多いのは、２、３年働いて自分の適性や進むべき分野を見極め、さらなるステップアップができる別の会社に転職する若い人たちだ。新卒の場合は募集要項に「ｅｎｔｒｙ　ｌｅｖｅｌ」と書かれていることがある。

スキルをもつ経験者や大学院卒は有利だし、将来管理職になれそうなアイビーリーグなどの一流大学卒の成績優秀者は、たとえ新卒であっても優遇される。

新卒といっても、学生時代にインターンをして興味のある業界、職種、職務を研究し、さらに実務経験をしており、日本の大学生のようにまっさらの白紙状態ではない。

一流大学でかつ成績評価のGPA(Grand Point Average)が、4・0満点のうち3・5以上であれば文句なし。引く手あまたである。3・0でもOK。アメリカ企業は、大学の勉強が実践的であると考え、「GPAの高い学生は入社後、仕事をさせても優秀な人材である」と、経験的に信じている。

そのように基本的に「即戦力」で雇っているので、日本のような社内研修は行わない。優秀な人材を確保したのだから特別なトレーニングは必要ないと考えている。あってもせいぜいマニュアルの説明や会社、事業部門の説明程度である。

OJT(実務経験を通した計画的教育 On the Job Training)も期待できない。職場では各個人が等級とポストを与えられ、それに従って自分の範囲内の仕事をする。同僚は皆がある意味、競争相手なのである。時には上司もそうだ。日本のように皆が協力し、助け合い、補完し合ってチームとして仕事を達成するのではない。

だから、上司や先輩から懇切丁寧な指導があると期待するのは、間違いである。社員は自費で自己啓発をして能力を磨き、専門家、プロフェッショナルを目指す。ただし現業のブルーカラーには、安全性や効率の問題があるので教育が施される。しかしホワイトカラーは自己責任であり、会社に社員を育てるという概念はないのだ。

終業後は自己啓発かワークライフバランスか

ところで、アメリカのホワイトカラーは終業後の時間をどう過ごすのか。それは二つに一つ、自己啓発かワークライフバランスのどちらかの選択である。

昼間、上昇志向のあるホワイトカラーはブルドーザーの勢いで猛烈に働く。しかし定時の5時になると一斉に会社を後にし、現場労働者のブルーカラーも定時に退社。後者はよほどのことがない限り、残業しない。ノンエグゼンプトなので、会社は残業代を支払いたくないからである。

両者とも夕食を家族と一緒に食べ、その後、テレビを見、ゲームをして一家団欒を楽しむ。あるいは生活に余裕のない人は退社後、アルバイトの第二の職場へ直行するだろう。

さて5時に退社した上昇志向のあるホワイトカラーは手ぶらではなく、自宅へ仕事を持ち帰る。家族団欒の夕食後、書斎へこもり、独りパソコンに向かって夜遅くまで働くのである。あるいは自費でセミナーに参加し、本を買ってきて専門分野の勉強をするなど、必死に職務の深みと幅を広げる努力をする。

エリートコースの仲間入りを目指す人もいるし、プロフェッショナル、スペシャリストの道を目指す人もいる。サバイブ（生き残り）のために肉食動物の本能をいかんなく発揮し、昇進・昇給の階段を上っていくのである。

一方、日本のサラリーマンとくにホワイトカラーはどうだろうか。過重労働を抑えるため、ホワイトカラー、ブルーカラーの区別なく法律で残業時間数が決められ、それを超えたら罰則がある。

ただ、高度の専門知識を有する金融商品関係の人やコンサルタント、研究開発業務などの人は「高度プロフェッショナル制度」として例外が認められている。しかし、いろいろな細かい条件が付されていて適用しづらく、全労働者から見て、ほんのわずかの人数にすぎない。

このような残業規制に加え、さらにハラスメント予防が行き届き、上司からは叱られず、職場には優しさが満ちている。

もちろんセクハラ、パワハラは断固、容認できないし、過労死ライン超えの残業は犯罪であり、言語道断だ。しかし、いつの間にかサラリーマンとして生き残るための能力、得意技、独創力がどんどん退化していっていることに気づいていない。牙が抜かれていることに気づいていないのである。

このような環境で漫然と過ごしてしまえば、いざ会社が傾いて転職を余儀なくされたとき、路頭に迷うのは目に見えている。覇気ある社員が猛烈に働いて向上したいと思っても、法律に縛られてできない国になってしまったのである。

過労死は存在しない

ちなみにアメリカの労働時間数だが、日本のような残業時間の上限に関する規制はない。ただし、原則として、会社は週40時間を超えて使用してはならないが、1.5倍以上の割増率で賃金が支払われる場合は、40時間を超えても問題なし。意欲のある社員はがんがん働いて、上昇を狙える国なのである。

アメリカのホワイトカラー（エグゼンプト）は結果だけで成績が評価される。1カ月200時間働こうと規定労働時間内で帰ろうと、結果が同じであれば同じ評価だ。

期待される成果を出すためなら、長時間労働するのをいとわない。職務記述書で書かれた目標を達成すべく全力投球する。上司から長時間働くことを強制されるわけではない。だから過労死は基本的に存在しないのである。体力がもたないと思ったら、長時間労働をやめればいいわけで、その結果が目標に届かなくても自己責任なのだ。

3
欧州の社員教育

（企業に社員教育を強制するイギリス）

個人による自己研鑽を重視するアメリカに対し、イギリスは企業が教育を用意するべきだと考えている。企業に社員教育を強制しているのである。

イギリスは高生産性・高所得経済モデルへの移行を目指していて、アプレンティスシップ　レヴィ（apprenticeship　levy）という職業実習賦課金制度を設けている。企業を対象に、年間人件費の一定額を毎年賦課し、社員のトレーニングのためにある種の税金として徴収するのだ。

賦課金を納めてから2年以内に企業が人材トレーニングを実施すると、企業はそのコストの分だけ払い戻してもらえる。

またこの制度の適用は自社内で行うトレーニングだけではなく、社員が国の認定している教育・養成機関を利用したトレーニングも対象となる。トレーニングを受ける人の年齢制限はない。20歳でも60歳でも80歳でも可能だ。スキルアップをするために会社を辞める必要はない。在籍していないと使えない制度になっている。

職業資格のドイツ

ドイツはいまだに中世のギルドで発達した徒弟制度的な考え方が色濃く残っている。仕事に関し、あらゆる分野で職業資格が決められている。

どの会社に勤めているかという「所属する会社」よりも、むしろ何ができるかという職業に重きを置く「職業社会」なのだ。そのため、教育と職業は密接に結びついている。「ほう、三菱ですか」というふうな、会社名がステータスのような感じになっている日本とは大違いである。

日本の小学校5年生にあたる中等教育を終えると、①大学入学資格取得が前提のギムナジウム（8年間）、②中級クラスの技術者となることを前提とする実科学校（6年間）、③職人などの職業に就くことを前提とする基幹学校（5〜9年間）などのどれかに進む。

大学に進学しない場合は職業学校へ就学せねばならない。基本的に3年程度学ぶ。この期間は、同時に週のうち3、４日間は会社などで職業訓練を受ける。学校で理論を学び、それを会社で実践するという形である。

職業訓練を終えたあとは、そのまま社員として働く人もいれば、他社の同職種へ応募する人もいる。また大学でも専攻学科は限りなく職業訓練に近いといえるだろう。

こうした職業教育を経ることで、３００を超える職業について職業資格が得られる。職業学校に通うのは20代前後の若者がほとんどだが、年配の人も新たな職業資格を取得したいと通うこともよくある。

多くの企業は新人教育にコストがかかるのを承知のうえで、職業訓練生を募集している。それは「職業教育の負担は、企業の社会貢献」だと考えているからである。

また「一人前」になったあとも、商工会議所などが用意する職業の継続教育によって、職能を高め、よりグレードの高い職業資格を得る人も多くいる。これも社会全体で個人の能力を高めるという考え方と関連している。

職業高校とインターン制度のフランス

フランスの高校にあたるリセは、大部分が専門性のある職業高校である。例えば畜産農業専門だとか、ワイン造り専門、チーズ製造専門、ホテル・サービス業専門等々、一つの職業に絞った公立の職業高校が多く存在する。

2年生、3年生になると2、3週間ずつ学校と職場とを行ったり来たりして仕事を学ぶ。机上で習ったさまざまな内容を、実際に職場で実践し、職業高校を卒業した頃には、ある程度仕事を理解している状態で就職できるというわけである。

もちろん大学へ進む人もいる。大学を出たのち、あるいは方針転換で職種を変える時など、スタージュという研修システム（インターンシップのこと）があり、これは必須なのだ。そこで習う職業に就くために、皆自力で研修を重ね、その履歴書をもって企業から正式雇用を取りつける。

企業側は新卒に限った新人教育はしない。新入社員教育を特別にやらなくても、職業高校と研修制度である程度まかなえているからである。

大学よりも格上のグランゼコール（工科大学校・商科大学校）は、高等教育の頂点にある。卒業生はカードルと呼ばれるエリートとして、最初から管理職として入社し、出世の階段を上っていくのだ。

グランゼコールはスタージュが必須なのに対し、同じインターンシップでも、大学はアルテルナンスという制度を使うところがある。学校のカリキュラムも週の半分は学校で勉強、もう半分は企業で働くというふうに、交互で学校での授業と企業での実習ができるように組まれている。

インターン中は一般社員と同じ仕事をする。インターンだからというふうな特別扱いはなし。ミーティング中には発言するし、上司に対する意見提案もする。こうして学生はインターン中に仕事の基礎を学ぶのである。

ではスタージュとアルテルナンスの違いは何だろうか。前者は企業と個人とのプライベートな契約だ。一方、後者は政府の制度であり、企業と個人との間で正式な労働契約を結ぶ。報酬面でも、スタージュは最低賃金の3分の1程度しか支払われないが、アルテルナンスは最大8割程度まで支払われ、企業には政府から助成金が出る。この国では日本のような無給のインターンシップというのは存在しない。

さて労働市場ですでに職を得ている労働者は、雇用が安定している。しかし新規就業しようとする若者は大変な苦労をする。若者の失業率は高くて、学歴によってその割合は大きく違うが、4人に1人は失業している。

さらに問題は非正規雇用の割合だろう。フランス全体で16%だが、若者に限っていえば50%を超えているのが実情である。新卒一括採用を行うのは日本くらいで、フランスでは基本的に非正規雇用からスタートする。若者が就職するまでに大体、卒業後5年程度かかっていて、それまでに十分なスキルと経験を取得する仕組みなのだ。

このようにフランスでは学校が会社と協力してみっちり職業教育をしているので、入社したからといって、社員教育はしない。即戦力として現場で働くことになる。

下層の場合は現場でスキルをさらに磨き、ほとんど一生、同じ資格の職業に従事する。何十年たっても年収はそれほど上がらないが、夫婦で働き、定時に帰宅するのでワークライフバランスをエンジョイできる。

一方、グランゼコールや院卒のカードルはそうはいかない。出世の階段を上るために粉骨砕身、日夜働き、長時間労働をいとわず、自己啓発の勉強に明け暮れるのだ。

彼らが昇進するためには三つの経験が必要とされている。それは、①マルチ・ジョブ（多職）、②マルチ・ファンクション（多事業部）、③マルチ・リージョン（多国）である。

重要な職務を多く経験し、異なる事業部を渡り歩き、そして世界に立地する工場や支店を経験し、経営幹部を目指すのだ。そういう意味で、エリートに対してはゼネラリスト的な幹部教育をしているといえるだろう。

人事異動の指令は会社が出す。とはいっても強制ではなく、本人の同意が必要だが。しかし断るエリートは少数である。

グランゼコールのカードルでも、全員が課長以上になれるわけではない。係長や主任クラスで終わる人が、50代でも４割程度いるのが実情である。

社員教育はスーパーエリートのみ

米欧では職務給＝職務等級＝ポスト＝給与であり、出発点から、学歴によって上層と下層に明確に分かれているのがおわかりいただけたと思う。昇進階段を上る少数のエリート（上層社員）と、ワークライフバランスを楽しむ多くの下層社員たちが別々の人生行路を歩むのである。

前者は一歩でも上級ポストに就こうと、自己責任・自己費用で研鑽に励む。ただエリートの中でも超の付くスーパーエリートには会社は特別カリキュラムで育成をしている。アメリカでは30代後半までには部課長止まりか、それとも、もっと上の幹部を狙えるかの見極めがなされる。

博士号取得者や院卒だからといって、誰もが幹部になるわけではない。途中で出世競争から降りて、ワークライフバランスのほうへ鞍替えする人も大勢いる。

下層社員から上層社員へ移りたいと思っても、学歴で築かれた壁を打ち破るのは至難の業だ。そういう意味では、日本は入社の時点から「自分も管理職になれるかも」

図表4　キャリアの壁

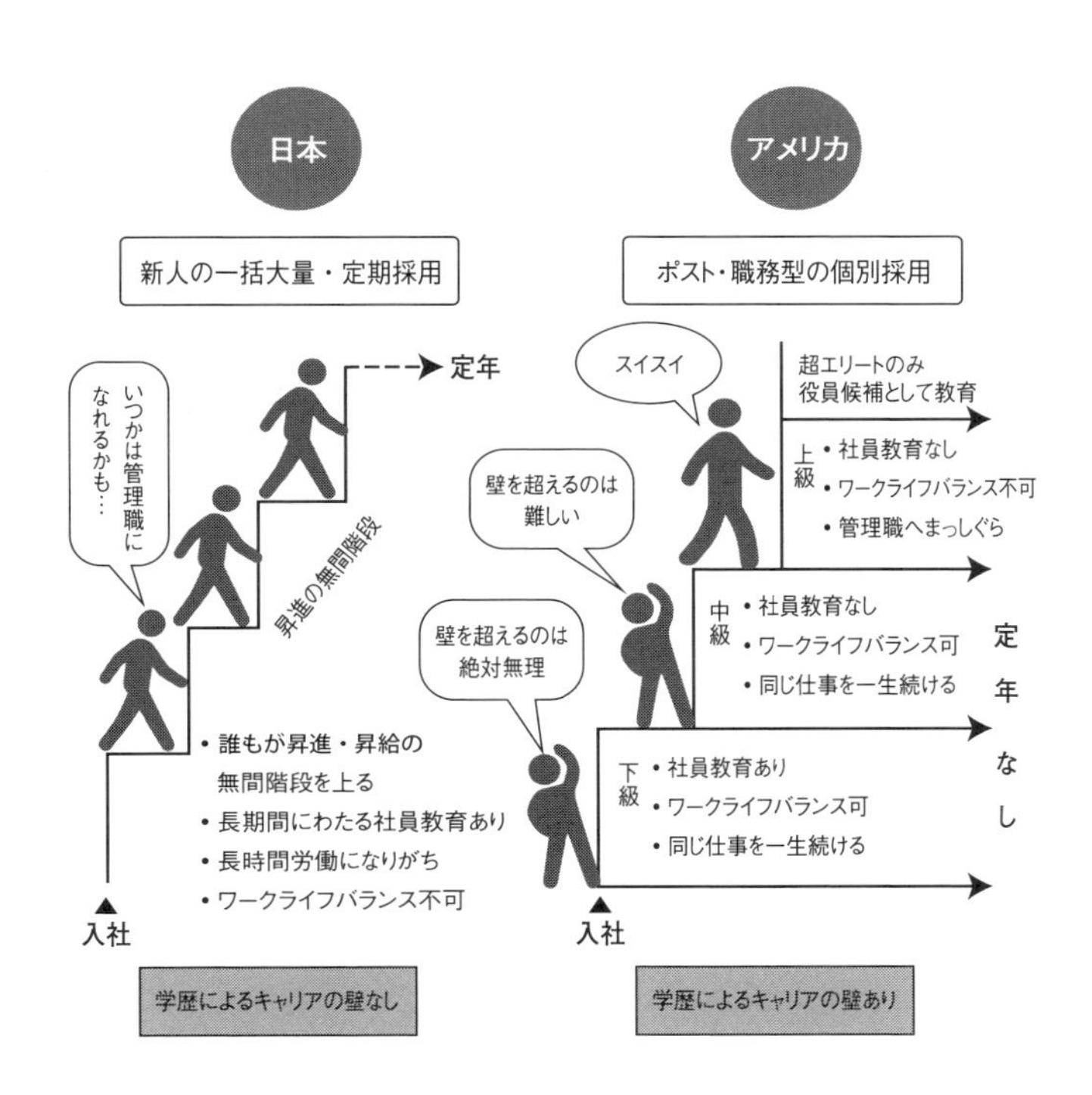
日本
新人の一括大量・定期採用
いつかは管理職になれるかも…
定年
昇進の無間階段
・誰もが昇進・昇給の無間階段を上る
・長期間にわたる社員教育あり
・長時間労働になりがち
・ワークライフバランス不可
入社
学歴によるキャリアの壁なし
アメリカ
ポスト・職務型の個別採用
スイスイ
超エリートのみ役員候補として教育
上級
・社員教育なし
・ワークライフバランス不可
・管理職へまっしぐら
壁を超えるのは難しい
中級
・社員教育なし
・ワークライフバランス可
・同じ仕事を一生続ける
壁を超えるのは絶対無理
下級
・社員教育あり
・ワークライフバランス可
・同じ仕事を一生続ける
定年なし
入社
学歴によるキャリアの壁あり

「重役になれるかも」と、そんな夢を抱かせてくれるだけ、良い社会なのかもしれない。

4 レイオフと解雇の違い

レイオフと解雇は違う

日本でリストラといえば、「人員整理のための解雇」と、後ろ向きに考えられがちである。しかしこれは正しくない。アメリカではリストラ（restructuaring、再構築の略称）は、企業や組織を再構築するという意味で使われている。

収益改善の最も手っ取り早い方法は、固定費である人件費の削減だ。アメリカでは企業の業績が悪化したとき、収益改善のために、突然、何百人、何千人、時には何万人もの社員を解雇してリストラクチャリングをすると発表し、われわれを驚かせる。

しかしこれは完全な「解雇」ではなく、「一時的な」解雇なのである。レイオフと呼ばれ、会社の収益が回復したら「再雇用する」という形での解雇であり、会社から追放するというのではなく、むしろ「それまで待っていてくれませんか」という願望を込めている。その意味で、レイオフには企業ノウハウの流出を防ぐというメリットがある。

経験やスキルをもつ優秀な人材を解雇した場合、企業の戦力が大幅にダウンしてしまう。会社としては彼らをつなぎとめておきたいが、給与を支払う余裕がない。そういう場合にレイオフは効果的なのである。

そこで解雇する場合、ベテランの年配者は残して、年齢（勤続年数）の低い若い従業員から選んでいく。彼らには、会社として訓練のための投資をそれほどしていないことや、再就職の機会が得やすいことなどが理由である。高齢者をターゲットにする日本とは真逆である。

また再雇用する時は、最も長く勤務した従業員から順に選んでいく。

解雇するとき、あとで従業員から提訴されるのを防ぐため、会社は従業員と「会社や関係者に対していかなる訴訟も起こさない」旨の契約を結び、その見返りとして特別退職手当を支払うケースが多い。

解雇された人にも、①自分の時間ができる、②転職活動ができる、③再雇用してもらえる、などのメリットがある。

日本でよく行われる一時帰休はレイオフとは異なる。一時帰休は従業員を在籍させたまま一時休業させることである。だから、平均賃金の60％以上の休業手当を支給せねばならない。レイオフは一定期間働かない部分では同じだが、れっきとした解雇なのだ。

定年はなく、あるのは解雇のみ

ここで「解雇」について整理してみよう。アメリカ企業では雇用上の年齢による差別は禁じられている。だから従業員に「定年」はない。70歳になろうと80歳になろうと、本人がまだ働きたいと思えば、いつまでも働くことができる。

しかし定年がない代わりに、会社が「この人物は必要ない」と判断すれば、解雇される。その場合、会社は雇用差別を理由に訴えられないよう十分に準備をして、従業員を納得させたうえで解雇する。

解雇とは、会社側が一方的に従業員との雇用関係を終了させることをいう。その事由によって以下の三種類に分類される。

① 懲戒解雇　従業員が違反行為を起こし、その処分として行われる解雇
② 普通解雇　就業規則に定める解雇事由に該当したことで行われる解雇
③ 整理解雇　業績不振など、経営上の理由により人員削減が必要な場合に行われる解雇。レイオフはこれに当てはまる

ちなみに今日ではアメリカ企業で、朝一番に上司に呼ばれ、「You are fired!」（君はクビだ！）と告げられることはほとんどない。人事部は社内弁護士と相談しながら、綿密な準備をして臨むのが常である。

図表５ レイオフ（整理解雇）

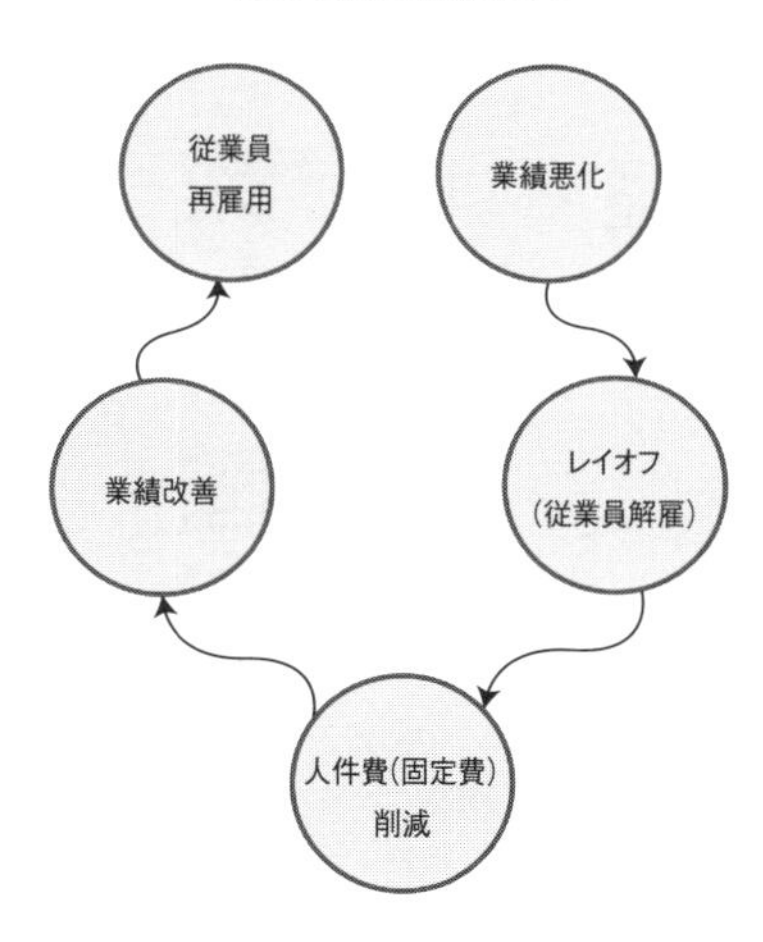

レイオフ手順

- 解雇は年齢の若い順に選ぶ
- 再雇用は最も長く勤務していた従業員から選ぶ
- 特別退職手当を出す場合が多い

レイオフ期間中の従業員の選択肢

- 私生活を楽しむ
- 転職する
- アルバイトをしながら再雇用を待つ

レイオフのメリット

- 一時的解雇により優秀な人材をつなぎとめたい
- 一時的解雇により企業ノウハウの流出を防げる

5 日本は解雇が難しい国か

（わかりにくい日本の解雇規制）

これまで日本では解雇規制が世界一厳しく、解雇が難しくて経営の構造改革を進めにくいといわれてきた。しかしこれは正しくない。OECD（経済協力開発機構 Organisation for Economic Cooperation and Development）によれば、日本は法規制的には正社員を解雇しやすい国にランクされているのである。

2004年の例でいえば、解雇規制指数（0が容易、4が困難）で見ると、日本は「解雇手続の不便さ」では2・0で標準的、「解雇予告期間と手当」では1・8で、やや容易となっている。このように法的な手続きはまったく厳しくないのだ。しかし「解雇の困難性」となると、3・5に跳ね上がり、加盟38カ国中でも五指に入る厳しさである。例としては少し古いが、これは今もあまり変わらない。

このように法的な解雇規制はヨーロッパよりは緩く、アメリカよりは厳しいものの、世界的には緩いといえる。それなのに実際解雇するとなると、非常に困難なのだ。なぜこのような現象が起こるのだろうか。

実際に、日本には解雇に関し、厳しい法規制はない。民法627条に、「解雇・退職は労使どちらからでも、いつでもできる」旨が規定されている。ところがこれを取り締まるのに、民法1条の「権利濫用の禁止」条項しかない。「解雇権をむやみに使ってはいけないよ」と言っているだけなのだ。

その後、労働契約法など多少の法改正が行われたが、たいしたことはなく、そこには「合理的な理由」や「社会通念上相当であると認められない」といった歯止めの文言しか入っていない。そんなことはあたり前のことであり、常識的で曖昧で、実質的にはザルに等しい。

結論からいうなら、日本の「法規制」ではなく、日本と米欧の「雇用形態の違い」が解雇を難しくしているのである。

解雇に必要な4要素

厳しい法規制がないために、整理解雇について、裁判官は具体的な手順として以下の4要素を付し、これらが満たされねばならないとした。その結果、実行が難しくなっているのだ。しかも、要素の判断は裁判官や時期によるところがあるので、企業側は予測できにくい。

① 会社の経営状況が相当悪化している（人員整理の必要性）
② 雇用継続できる方法を優先的に検討した（解雇回避努力義務）
③ 客観的・合理的な基準で公正に人選した（人選の合理性）
④ 労働者等と協議し、会社側から納得できる説明があった（解雇手続きの妥当性）

この4要素を詳しく見ると、

図表６ 日本は社員の整理解雇が難しい

法規制（法体系）	厳しさは OECD38 カ国中、28 位。 解雇しやすい国にランク
解雇の困難性	厳しさは５位。解雇しにくい国にランク

法体系は問題ないが解雇の実行が難しい

雇用形態が職務型ではなくメンバーシップ型だから

① 人員整理の必要性

経営状況から見て解雇（人員削減措置・人員整理）の必要性が認められること。これまでの賃金が払えないほど経営が悪化し、その状況を決算書やバランスシート等の定量的データも交えつつ説明できる状態でなければならない。

② 解雇回避の努力

会社がリストラを回避するためのあらゆる努力をしたと認められること。安易に従業員を切り捨てるのではなく、まずは配置換えや業績の良い関連会社への出向や一時休業の決断によって雇用継続の道を模索しなくてはならない。

③ 人選の合理性

リストラ対象者の人選が適正に行われていること。対象者選定は担当者の主観に左右されることなく、客観的・合理的基準を詳しく取り決め、公正に行わなくてはならない。

④ 解雇手続きの妥当性

どうしても解雇が避けられない時に、労働者を納得させる適正なプロセスを踏んでいるのかどうかである。適正なプロセスとは解雇に至る説明を指し、社会生活を営むうえで欠かせない「信義則上の義務」として重視されている。

メンバーシップ型は解雇が難しい

日本では、新卒正社員は総合職や一般職で一括採用される。アメリカのように、最初から「あなたは経理職ですよ」とか「営業職ですよ」とは言われない。どんな部署に配属されるかは入社してみないとわからない。技能職も同様で、どの事業部なのか、また設計なのか機械加工なのか溶接なのか旋盤操作なのかなど、不明のまま入社する。業務が特定されていない。

その後、人事部により配属先・勤務地を決められて赴任。そして総合職社員はみっちり教育を受けながら企画や営業、経理、マーケティングなど、さまざまな部署を経験して、管理職へ向かって昇進の無間階段を上って行くのである。

こういう雇用契約はメンバーシップ型雇用と呼ばれている。つまり契約によって、組織の一員＝メンバーとしての地位が与えられるという意味なのだ。

ここで問題が起こる。もし会社の業績が悪化して経営立て直しを迫られたとき、アメリカなら堂々と人員削減に踏み切れるが、日本はそれができない。法的にはできても、メンバーシップ型であるがゆえに実行できないのである。

その理由はこうだ。会社は特定の業務を社員に任せはするものの、雇用形態で、つまり雇用する時に職務を特定していない。したがって、所属部署を整理することになったとき、当該社員を他の部署へ異動させ、社員としての地位と給与を維持する。つまり職務（ポスト）を限定せず、「会社の一員（メンバー）」として、涙ぐましいほどの努力で面倒を見るのである。

また、そういうことを可能にする強力な人事権が会社側にある。日本企業はこういう雇用方式を延々と続けてきたし、今も続けているのだ。

だから、「この仕事、この職場は必要なくなったから解雇したい」といっても、会社はそもそも雇用時に業務を特定していないので、裁判官の目から見て、解雇理由にならないということなのである。

整理解雇という観点で見ると、会社はこれまでどおり、強制的に他の職務に異動させて雇用を維持できるため、解雇の正当性が低くなるのだ。したがって、日本では解雇は難しいということになる。

能力不足による「普通解雇」は難しい

繰り返すが、企業は職務を限定せずに、何ら具体的な職務スキルを有さない白紙の新卒を採用する。そして入社後、仕事が変わるたびに上司や先輩が職場のＯＪＴ、Ｏｆｆ-ＪＴ（職場外研修　Ｏｆｆ　Ｔｈｅ　Ｊｏｂ　Ｔｒａｉｎｉｎｇ）で鍛えていく。そういう雇用習慣がある以上、能力不足による普通解雇の正当性はどうしても弱まる。

職務を限定せずに社内で育てていくことを前提に素人を採用しているからには、能力が不足しているからといって簡単に解雇などせず、まずは丁寧に教育訓練をし、能力を発揮できるようにするのが会社の務めであると、そんなふうに裁判で判断されてしまうのである。

セガ・エンタープライゼス事件（東京地裁判決・平成11年10月15日）の判例がある。会社Ｙは労働者Ｘを「能力が低い」として裁判所に訴えたのだが、敗訴した。

裁判官は人事考課などで下位10％未満の順位であった労働者Ｘについて、人事考課の低さだけではこの会社の就業規則の「労働能力が劣り、向上の見込みがない」という解雇事由に該当しない、また、会社が教育・指導や配転措置などを尽くしていない、として解雇を無効としたのである。

つまり、整理解雇であれ普通解雇であれ、解雇が「客観的に合理的」でかつ「社会通念上相当」かは、メンバーシップ型雇用システムの存在が大きな影響を及ぼしている。これが解雇を困難にしているのである。解雇しにくい雇用契約が一般的に広がっているため、日本は解雇しにくい国だという誤った認識ができたといえる。

だから多くの企業は解雇を避けて、いわゆる「追い出し部屋」の仕組みを使う。従業員に自己都合退職や早期退職に手を挙げさせるのだ。圧迫して自己都合退職に追い込むものから、日がな一日転職活動をさせたり、仕事を与えなかったり、いろいろある。精神的に追い込もうとするのが目的である。

ジョブ型社会では、職務を限定して雇用するため、事業縮小や職務（ポスト）の数が減れば、雇用契約を解除するというのが自然な流れである（整理解雇）。

また能力不足による普通解雇も、ジョブ型社会では、特定の職務を遂行できるスキル・経験・資格などをもつ人を採用し、基本的には同じ職務（ポスト）をやり続けてもらうため、その職務が不必要と判断されれば解雇されても仕方がない。

図表７　裁判官が解雇を簡単に認めない

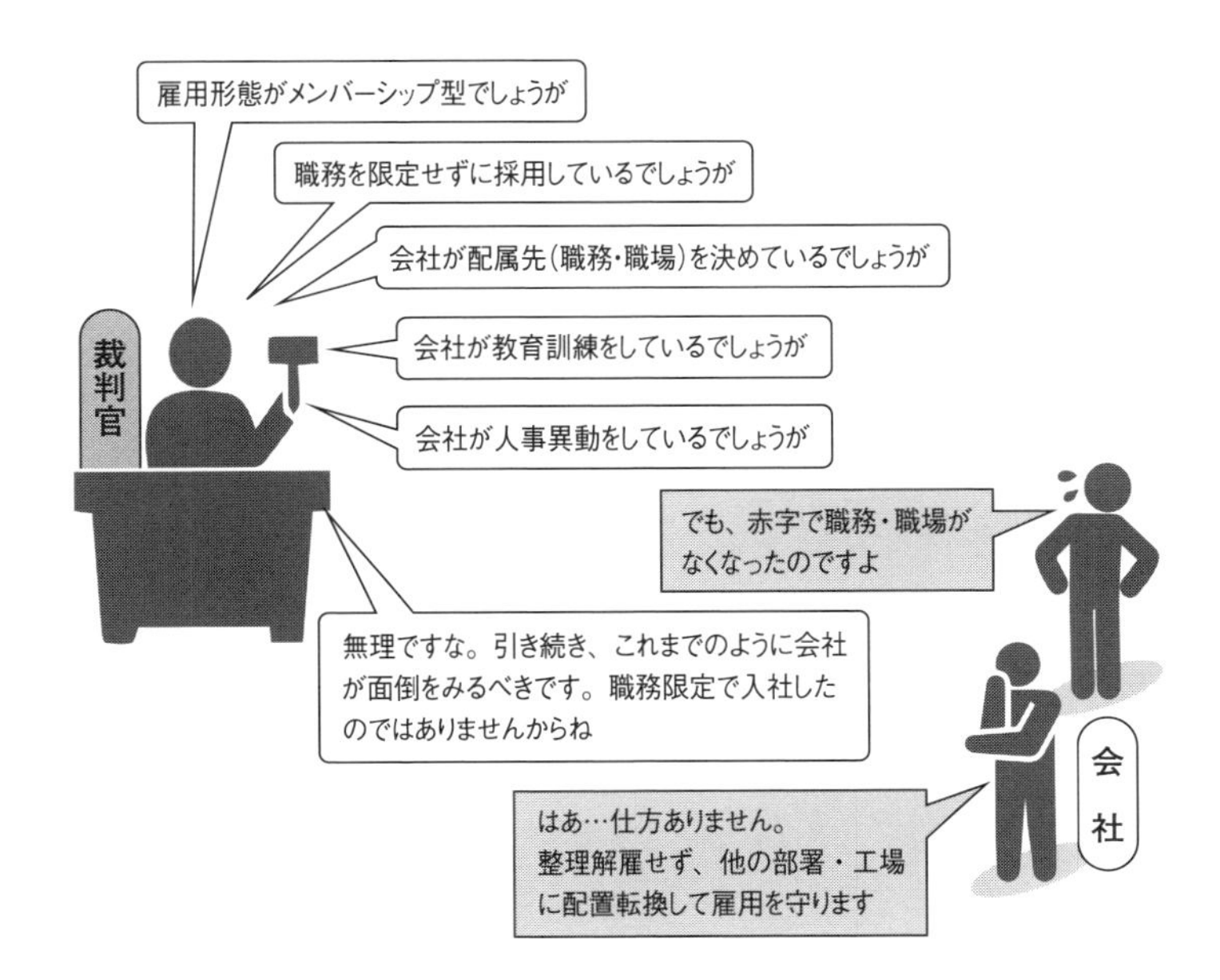

大量の一斉解雇が話題になってもそれほど混乱が起こらないのは、専門性の高いプロフェッショナル人材も多く、また各人の職務が明確になっているので、転職がしやすいということがある。

転職ゴロ

舞台は、日本でレジン（合成樹脂）やオレオケミカル（天然油脂）などを生産し、アメリカ本社の製品をも輸入販売（リセール）する米系化学会社の日本支社である。以下はその元人事部長（退職済み）から聞いた話だ。一見、嘘物語のように聞こえるが、外資系日本支社に勤めていた著者には、外資ではよく起こる話だと合点がいく。

アメリカ人社長が日本人を本部長に採用！

社長名はミスタートンプソンとしておこう。日本人女性と結婚し、永住権を持つ53歳のイギリス人である。いつまでもこのおいしい社長の椅子に座っていたいと心から願っている。日本語は不自由しない。

これまでも何度か社長交代の話が持ち上がったが、その都度、危機を切り抜け、現在に至っている。直近では部下である管理本部長のエクスパット（米本社から派遣された外人社員のこと）に社長の椅子を奪われそうになった。しかし突然、フランス支社の社長が急逝し、その後釜としてそのエクスパットが浮上。意気揚々と赴任していった。意気揚々というのは、彼らアメリカ人から見て外国赴任の第一希望はヨーロッパであり、極東の果て日本は人気がないからだ。

転職ゴロ

トンプソン社長は後釜の管理本部長には迷いもなく日本人を望んだ。エクスパットがやってきたのでは、いつまた椅子を奪われるかもしれないからである。人材紹介会社を通じ、別の外資系企業からW氏をヘッドハントした。転職回数は多いが、職務経歴書を読むかぎり、その度に実績を残している優秀な人材だ。弁舌さわやかで英語は堪能。そこへ猛烈な働きぶりときている。人材会社には手数料として年収の3割を支払わねばならないが、その価値にふさわしいと思った。

この支社では管理本部長は経理、総務、人事、物流を統括し、社長を補佐する要職である。トンプソンはあまり面倒なことには関わりたくないし、できるだけ楽に会社生活を送りたい。そう願っていて、W氏を迎えられたことで機嫌がよかった。

社長の知らない本部長の思惑

W本部長の専門は経理と物流という触れ込みである。1カ月もしないうちにその有能ぶりが証明された。会社が直面する問題点を的確に洗い出し、社長に報告したのだ。社長は「おう、グッジョブ!」とほめたが、これは正直な感想だ。

W氏が部屋を出るなり、すぐさまパソコンに向かった。受け取ったその報告書をそっくり英語に訳し、自分の名前で本社へレポートした。「日本支社にトンプソンあり」と、絶えず本社に売り込んでおく必要があるからだ。

部下の業績は自分の業績だと割り切っていて、そうするのに迷いはない。米欧の企業では誰もが普通にやっていることだ。これまでに数えきれないほど手柄を横取りしてきた。今後はもっとやりやすくなるだろう。エクスパットから日本人に変わったので、本社とW氏との接触は大幅に減るはずだ。ローカルの幹部が本社と密になるのは極力、食い止めたいものである。

自分の直感だが、やり方次第ではこの男は大いに利用価値がありそうだ。要は金目だろう。給料さえはずんでやれば彼はついてくる。社長はそう考え、W氏とのコミュニケーションの構築に励んだ。

W氏側も社長からのアプローチを歓迎した。W氏にはある思惑があった。そしてそれを実現するため、まず自分の秘書のNさんに無能のレッテルを貼り、ことあるごとに社長に吹き込んだ。

「秘書には自分の手となり足となってもらわね

転職ゴロ

ばなりません。彼女では荷が重すぎます。誰か他の人に代えていただけませんか」

いわば冤罪だが、社長も「そこまで言うのなら」としぶしぶ同意し、W氏が強引に辞めさせたのだった。その交代要員としてW氏が連れてきたのが、前の会社で彼の秘書をしていたAさんである。

「ほう、W本部長は打つ手が早いね」と、社員たちは感心こそすれ、非難はしない。外資系では採用は人事部よりも現場の長に権限があるからだ。給料はNさんよりも格段に高いけれど、社長は大目に見た。

Aさんは期待どおりの秘書だった。いや、それ以上といっていい。陰ひなたはなく、誰もが目を見張るほど猛烈に働く。残業代は申請しないし、W氏がいるあいだは深夜になっても帰宅しない。個室の外にある秘書席に張り付いていて、黙々とアシスタントを務めている。

社長は本部長の言いなりに・・・

ことわざに、魚心あれば水心ありという。それはまさにトンプソン社長とW本部長の関係であろう。社長は金銭に貪欲でケチな男だった。高額な報酬に加え、麻布に高級マンションを借り上げてもらうだけでは満足していない。休日などに家族と私用で日帰り観光に社用車（もちろん運転手も出勤扱い）で出かける。また自分たちが私用で飲み食いした経費（ただし、金額が張るもの）を、何とか会社の接待伝票で落とせないものかと常々、考えている。

そんな黒い欲望を見透かしたW氏は舌なめずりした。むしろ自分から社長にそうするように仕向けたというのが正しいだろう。社用車については一切口を挟まず、黙って承認の印を押す。この会社ではたとえ社長であっても、自分の経費については管理本部長の承認印をもらう決まりになっている。

また時々出される飲食の伝票は一切理由を聞かず、「イエス・サー」と言って気前よく受け取った。その瞬間、以心伝心のような友情の電波が2人の間で流れた。当然のごとく、W氏は自らが銀行や物流会社などを接待したようにして経費処理をした。その実務を秘書のAさんが担当しているのは言うまでもない。すでにW氏とAさんの二人三脚は徐々にスピードを上げながら走っていた。

もうこの頃には社長はほとんどのことでW氏の言いなりになり、彼の提言を受け入れていた。いつものことながら、W氏が行う物流改革の成果は自分の名前でアメリカ本社へ報告し、高評価を独り占めしている。それなのに何の不満も示さないW氏がありがたく、自己顕示欲のなさに好印象を抱いた。

転職ゴロ

Ｗ氏から経理部長のＩ氏がネックだとささやかれた時も、社長は即座に同意している。解雇はＮ秘書の時と同様、上司にあたる管理本部長のＷ氏に任せた。ところがＷ氏とＩ氏の交渉過程で、驚いたことにＷ氏は異常に高い特別退職金を提示したのである。

「あなたにはまだ小さなお子さんがおられるでしょう。会社としてもこれまでの功績に、せめてもの誠意をお示ししたいと思っています。ただ、今のコメントのことは本社に知られるとご破算になるので、あなたの胸の内に納めておいていただけませんか」

破格の条件である。Ｉ氏が退職を受諾したのは言うまでもない。しかしＷ氏から社長にした報告はそんなことには触れていない。交渉は厳しく、やむなくこの金額で受け入れざるを得ないと、作文をほどこした。異常に高い退職割増金だが、早く辞めさせたほうが会社のためになる。そう社長に詰め寄り、やや強引に社長決裁を得たのだった。

そして後任の経理部長には、またもや前の会社で部下だったＴ氏が採用された。「ヘッドハンターを使えばお金がかかるけれども、これだとただですからね」。この一言は説得力があった。

新入のＴ経理部長もよく働いた。まだ40歳前と若いが、外資の経理に精通する切れ者だ。まさに一心同体といえるように上司のＷ氏にぴったり寄り添い、夜遅くまで狭い空間での生活を共にしている。そこへ秘書のＡさんも加わり、まさに本部長軍団が全速力で走り出した観がある。社内の誰もがＷ氏の気迫に呑まれ、経営改善の先行きに希望を抱いた。

きな臭くなる本部長の改革

W氏とT氏のコンビが作成する経営指標は容赦ない。甘えを許さない厳しい数字を各部門に突きつけた。その結果、業績は目に見える形で上向き出したのである。

業績向上に貢献した要素の一つに物流部門の抜本的改革があった。ここでもW氏の手腕が光った。その改革に先立ち、それまでの物流部長を強権的に解雇し、代わりにこれまた何年か前に自分の部下だったF氏を雇い入れている。

その迅速で鮮やかな手腕には誰もが脱帽である。アメリカ本社の評価も高まる一方だ。今ではW氏の名は関係者のあいだで知らぬ者はいない。年俸の大幅アップと、本社CEO名で特別ボーナスの支給が

転職ゴロ

決定された。

　しかし知恵の働くW氏はボーナスを独り占めする愚はしない。軍団の４人以外の他部門の人たちにも配布する気配りを見せた。今や本部長軍団の４人は肩で風を切るがごとく社内を闊歩し、まるでそこだけが独立王国のような様相を呈した。

　W氏の改革は止まらない。次は人事部である。社員教育に乗り出したのだ。外部の専門業者を呼んで、コンピュータのセミナーをやろうということになり、時を置かず実施された。ところがこのことが思わぬ展開を引き起こしたのである。

　そのセミナー会社の社長は若い女性で、講師も含め、技能レベルは高い。参加者の評判もよかった。しかし、ひょんなことからその社長がW氏と親密な特別の関係があることが発覚した。かねてからW氏に反感を抱いていた人事部長が聞き出してきたのである。さらにこのセミナー会社には、W氏の妻が役員として登録していることもわかった。人事部長の執念は相当なものだ。

　にわかにW氏の周辺にきな臭いものが漂いはじめ、社内に彼への批判がくすぶり出した。アリの一穴となるのだろうか。だがW氏はひるまない。数社から見積りを取ったといってその現物を見せた。最終的に技術力があって一番安いこの会社に発注したが、それのどこが悪いのかと反論。

　しかし、これでは妻が役員をしている会社に発注したことの道義的な責任を説明していない。人事部長をはじめ、W氏の手腕に嫉妬していた他部門の長たちもここぞとばかりに追及の手を強めた。追い詰められたW氏は、これ以上突っ張るのは得策ではないと判断したのか、態度を豹変させた。一転して秘書のAさんに責任を転嫁したのである。

「自分は大変忙しく、実は選定の実務はA秘書に任せていたのです」と主張し、彼女も我を張るのではなく、もう愛想を尽かしたというふうに潔く肯定して、どうにか一件落着となった。「どうにか」というのは、社長のトンプソンが強引にトップ裁定でフタをしたのだった。

それはこういうことだ。秘書のAさんが自白して一週間後のこと。突然彼女が責任を取るといって、辞表を出した。そして、非常識に高い特別退職金を要求したのである。W氏は何度かAさんと話し合ったものの、減額要請ははなからはねつけられ、困り果てた顔で社長に相談。

「もし会社が応じなかった場合、社長の交際費の不正処理を本社に通報する」と、いきまいている。事態を長引かせれば、社内に漏れ出るかもしれないと、即断を迫った。社長は苦々しく思ったが、背に腹は代えられず、しぶしぶ承諾したのだった。

そうこうするうち、またもや問題が発生。今度は契約している物流会社の1社から、人事部長宛てに匿名の告発文書が届いたのだ。多額の裏金が物流部長のF氏に流れているのだという。それも1回きりではなく、今も続いていると断定調である。

転職ゴロ

「まさか。F君に限ってそんなことはない」。W氏はそう全面否定を続けるも、人事部長の攻撃を受けて次第に苦境に立たされる。何とか穏便に抑えられないものかと、社長みずからもW氏と共に直接人事部長に会った。正義感の強い人事部長は、「不正は1社だけでなく、他の会社も調べるべきだ」と、なかなか引き下がらない。

問題の連鎖はもう止まらない。しばらくすると、突然物流部長のF氏が辞表を提出し、退職金もなしにさっさと会社を去ってしまったのである。勤務期間も短く、かつ自己都合であり、退職金はないに等しい。社員はあっけにとられたが、賄賂の額は半端ではなかったと印象づけるのに十分だった。

いったん下り坂になると、その勢いは止まらない。W氏はさらに追い詰められた。勇気づいた人事部長が、偶然、営業社員からの情報でW氏の不正経理を知ったのである。あろうことか、期末の売上高を増やすために、営業部隊に「押し込み販売」を強制していたのだ。顧客に頼んで帳簿上、売り上げた形にして、期末が過ぎたらすぐに買い戻すのである。押し込みはビジネスの禁じ手で、米国本社では厳禁されている。

社内はしらけきった。「なあんだ。売上げ倍増も、そんなからくりだったのか」と、ひそひそ声で囁きあう。W氏の化けの皮が急速に剥げ出した。信用はがた落ちとなり、もはや社内で人を動かすのは困難になった。

しかし不思議なことがあるものだ。W氏に落ち込んだ様子はなく、いつもどおり悠然としている。よほど無神経なのか、それとも鉄面皮なのか…。

辞表を提出し、高額の特別退職金を要求！

激しい雨と雷鳴がとどろくある日の午後。W氏は社長室をゆっくりノックした。そして退職を申し出た。社長は耳を疑った。（まさか…）と思いながらも、改めて目で辞表を確かめた。

助かった…。安堵が大きく胸に波打った。が、あわててそれを押し隠し、ねぎらいの言葉をかけようとしたとき、W氏の一言を聞いて驚いた。異常なほど高額の特別退職金を要求されたのだ。社長は即座に拒絶したが、相手は頑として譲らない。それどころか、「会社の機密情報ですけどもね」といって、社長をゆすりにかかったのである。

「ぜんぶ私の頭の中にありますよ。社長の交際費の不正付替えの証拠も、ほら、このディスクに入っています」とドスのきいた声で言い、手のひらの上で揺らしてみせた。

それから2日も経たないうちにケリがついた。W氏は勝利をもぎとった。経理部長のI氏を辞めさせた時の高い割増退職金のレートが適用されたのである。さらにかなりの上乗せさえあった。倉庫会社と船会社、運送会社などからの賄賂もたっぷり懐に入った

転職ゴロ

はずで、この3年ほどの間に、さんざん会社を食い物にして、去っていったのだった。彼が辞めたあと、T経理部長もあとを追ったのは言うまでもない。

これを外資系では〝転職ゴロ〟という。得た利益は山分けしているのだろう。アメリカでは珍しいことではない。W氏らはまた軍団となって、新たな餌食を求めて日本中を徘徊しているはずだ。ちなみに社長のトンプソンは今回の不祥事の責任を取らされて退職し、家族と共に信州のどこかへ移ってひっそりと田舎暮らしをしているらしい。

第3章

こんなにある賃金格差

1 草食系の日本人と肉食系の米欧人

〔日本人は（村落）共同体社会・ゲマインシャフト〕

古来から米・野菜・魚を食べてきた草食動物の日本人と、肉を食べてきた肉食動物の米欧人とでは、考え方や行動が異なる。

日本人は、古来から稲作を主とし、種をまいて、育て、刈り取るという作業を長い月日をかけて成し遂げてきた。根気よく、我慢強く、コメの成長をじっくりと待つのである。

長である長老の下に、年功に応じ、先輩、後輩が暗黙の人格的序列を作って、縦の人間関係で結ばれた集団の中で、あまり波風を立てず、何事も和をもって相談しながら生きてきた。そこには言葉には出さなくても、以心伝心で通じる日本的伝統があった。つまり、（村落）共同体社会・ゲマインシャフトである。

今日でもその遺伝子は受け継がれていて、何事も対立を避けてできるだけ丸く収めようとする。全会一致や満場一致が好きである。会議ではイエス、ノーをはっきり言わない人が多く、丁々発止はあまり見られない。だから結論が出るのが遅くてだらだらと続きがちになる。

また終業後に上司らと飲みに行っても、もう仕事は終わっているのに、礼儀として長幼の序をきっちり守る習性があり、それでいて両者に人間としての差別意識はない。互いに感情的に融合した、全人格で結合する社会といえよう。

米欧人は利益社会・ゲゼルシャフト

さて一方、肉食動物の米欧人は、個々人が森や平原の中で動物と戦い、相手を倒すことで食を得てきた。命を張った狩人なのだ。瞬時の判断が必要で、日本のように結論も出さずに悠長に話し合うようなことはしない。

集団内でも、個々人は利益で結ばれているだけで、互いに独立し、その意味で対等だという契約感覚でいる。

会社という組織では、個人が会社と職務を通じて合理的に契約し、そういう個々人が横の関係で成り立っているジョブ型集団である。つまり日本が縦社会とすれば、米欧は横でつながり、利益的関心に基づいて結合する利益社会・ゲゼルシャフトなのである。

競争社会と共生社会

アダム・スミスが産業革命進行中のイギリス社会を観察し、『国富論（An Inquiry into the Nature and Causes of the Wealth of Nations）』を発表したのは1776年である。人間には「利己心・私利私欲」（Self-interest）というものがあり、経済活動のとき、得をしようとする、と説く。そこで生産活動から規制を取り除いて自由に競争させることで、「利己心」がフルに発揮され、経済が活発になると考えた。自由放任主義（レッセ・フェール）

図表８　個人と企業の関係

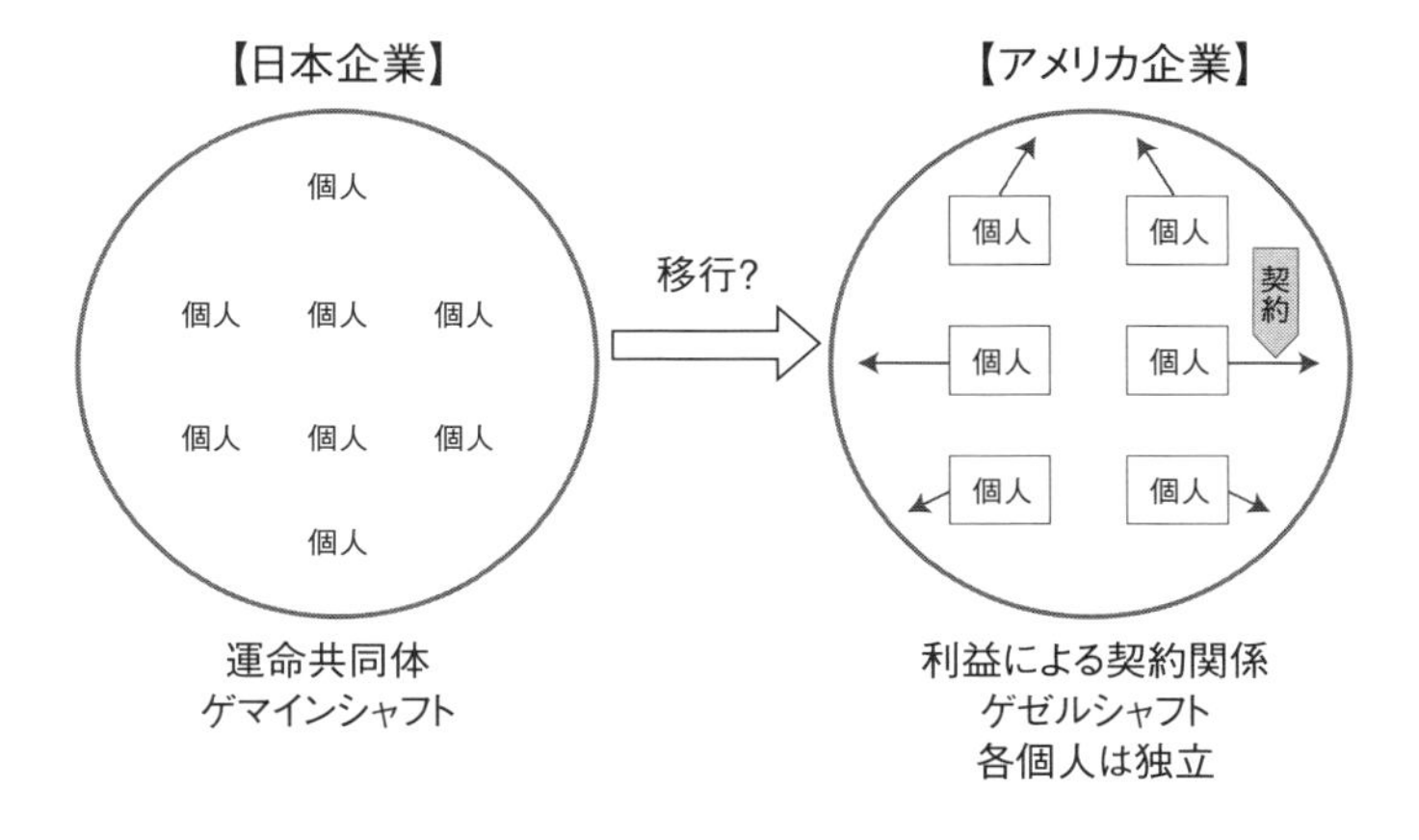

を唱え、資本主義の成立を喝破したのである。

それから80年ほど後の1858年、彼から思想的影響を受けたダーウィンが進化論を発表。この世のあらゆる生物は過酷な生存競争に打ち勝って、自然淘汰されたものが進化して栄えるのだと、適者生存を唱えた。

これは今日の資本主義経済に当てはめれば、市場での自由競争・市場原理主義によって強い企業がマーケットを獲得し、利益を増やして繁栄するが、弱い企業は滅びるという、優勝劣敗を意味する。つまり、進化論と資本主義はパラダイムとして成り立っているのである。

グローバリゼーションは、まさに進化論が唱える競争原理を体現した、西側先進国の必勝ツールとなっているのだ。規制を徹底的に排除した、いわゆる小さな政府による自由競争こそが土俵上でのルールとなった。

この米欧の容赦なき競争ルールに対し、多少なりとも「共生社会」でやってきた日本企業は翻弄されることとなる。

共生とは、「二種類の生物が密接な関係を保ち、その双方が利益を受けるか、あるいは一方が利益を受け、他方は害を受けないで生活すること」と生物学辞典にある。

要は多種多様な生き物が相互依存し、助け合いながら生きていることをいう。

日本企業は昔から人を大事にしてきた。すべての社員を対象に教育訓練を施して能力向上に努め、できる社員もそうでない社員も基本的に解雇せずに雇用を維持すべく最善を尽くそうとする。そして、それを可能にする職能等級制度を守ってきた。

その結果として人件費が膨張して経営が圧迫され、四苦八苦しているところに、いきなり「アメリカンスタンダード」と称する凶器で横っ面を張られたのである。その結果、一気に経営悪化を招き、共生社会の維持が困難になった。

否応なく、過激な競争社会の渦に巻き込まれてしまい、かといって逃げることは許されない。逃げ＝敗北＝企業倒産＝社員の大量失職になるからだ。サバイバルのために、本意ではないが競争の場に生身をさらし、戦わざるを得ないのが現実である。

「共生」は強みである

しかし勝ち目はあるのか。それはイエス・オア・ノーだが、時間がかかっても、私はあると思っている。楽観を抱いている。日本には競争一辺倒の米欧にはない、「共生」という考え方が心の底に根付いているからだ。しばし（10年くらいか？）必死の思いで頑張れば、光明が見えてくると確信している。

米欧人の文化の中にはキリスト教がしっかり根付いているのは誰もが疑わない。しかもこの同じ宗教の中で、カトリックとプロテスタントは歴史的に血みどろの闘争を繰り返してきたし、今も対立は根深い。一神教は自分こそが正しいと正当性を主張する。相手を抹殺して自分が生き延びようと、その闘争心は半端ではない。米欧人の歴史は戦いの歴史なのである。

一方、日本人は異なる宗教には寛容だ。仏教や神道、儒教、キリスト教などいろいろな宗教が仲良く共存し、調和を保っている。つまり「共生」しているのである。

ところが優勝劣敗の競争社会では何が起こるのかというと、企業は勝者を目指して頑張るものの、結局は弱者となってどんどん淘汰され、消えていく。残るのは少数の巨大化した勝者たちだけになる。淘汰に次ぐ淘汰で、泥沼の戦いがいつまでも続くのが進化論なのである。

大げさな表現となり恐縮だが、また科学的根拠もないのだが、これは生命維持の自然の法則や、人類の幸福といった宇宙の神の意思（特定の宗教ではない）、あるいは

Something Great（何か偉大な存在者）なる者の意思に反していると思えるのだ。その意味で米欧式グローバリゼーションは、強大ではあるが大義がない。競争論理の帰結には人類の不幸がちらついてならない。

この点、日本には「共生」でやってきたという、誰にも誇れる強みがある。長いスパンで見れば、われわれのほうが理にかなっているのではないか。「共生」の良い点を残し、悪い点を改革すればよいのだ。日本の良い点までとことん壊してしまう必要はないだろう。

今後、日本企業改革に向けての再建にあたっては、グローバルな競争ゲームに身を置きつつ、この強みを意識の底辺に据え、自信と希望をもって大胆な改革に邁進していかねばなるまい。

2

賃金格差は歴然

個人主義、階級意識は働き方に反映

米欧では、日本の集団主義に対し、個人主義が確立している。他人の目や意見に惑わされることなく、自己を主張して、自分の生き方を選ぶ。排他的な個人的所有の原理が貫徹し、各自は互いに結びつきながらも、独立しているのである。

加えて、中世のギルド的な階級意識は今日も底流に流れていて、社会は上流階層と下流階層に分断されている。封建主義から資本主義へと変わっても、そして現代のグローバル化時代になっても、その流れは絶えることなく連綿と続いているのだ。

ドイツやフランスでは徒弟制度、マイスター制度などが職業哲学として受け継がれてきた。これが現代も形を変えて、職業高校とアプランティサージュ（学校に通いながら見習い訓練生として働くフランスの制度）としての見習い研修として、活用されている。

端的に米欧の社員の例でいえば、高学歴（有名大学の大学院卒や博士など）で能力のあるエリートホワイトカラーは、皆と同じジョブ型社員ではあるが、スタート時点からいきなり高給で就職し、昇進・昇給していく。果ては経営幹部にまで上り詰める競争の階段が用意されている。

一方、高学歴でないジョブ型社員（高校卒、短大・専門学校卒、四大卒学士）はスタート時点から、出世階段ではない下流コースをゆっくりゆっくり歩む。彼らにとって、階層の壁を乗り越えるのは至難の業だ。だからといって、不満があるわけではなく、それに納得し、仕事はやりがいなど気にせず、達成度はそこそこにして、ワークライフバランスを楽しんでいる。

いや、不満がないというのは正確ではない。壁を超えるのがほとんど不可能だということを知っていて、そんな諦めの境地が逆説的にさばさばした心境にさせているのであろう。人間である以上、誰もが出世欲や向上心をもっている。それが人為的に作られた社会階層の壁で無理に抑え付けられているのだ。その結果、鬱屈した不満が溜まり、それが社会を不安定化させている。

たとえば災害が起こったり、何か事件が勃発したりすると、暴動が起こる。暴徒はスーパーやコンビニに乱入して、商品を片っ端から略奪するのだ。共生の日本では滅多に起こらない現象である。

また下流階級の人たちが仕事の達成度などそこそこにして、ある意味、いい加減な仕事ぶりなのは会社にとって大きな損失だろう。

これに反し、エリートは仕事の虫になり、ワークライフバランスの犠牲をいとわない。その典型が育休である。エリート社員は育休を取っても、ほんの数日で切り上げて仕事に戻るのだ。

このように一握りのエリートと圧倒的多数のジョブ型労働者で成り立っているのが米欧社会であり、その両者の差を決めるのが学歴である。日本ではよく「アメリカは実力主義だ」というが、とんでもない誤解で、典型的な学歴社会といえる。学歴がその後の人生を左右するといっても過言ではない。

図表９　アメリカの学歴別年収

	年収（円換算レート　１ドル＝130 円）	
大学院博士号取得者 Doctor's degree/PhD	$97,916　(1,273 万円)	高卒に対し 2.5 倍強
大学院修士号 Master's degree	$77,844　(1,012 万円)	２倍
大学学士号（四大卒） Bachelor's degree	$64,896　(844 万円)	1.7 倍
準学士号（短大・専門学校） Associate degree	$46,124　(600 万円)	1.2 倍
高　卒 High school diploma	$38,792　(504 万円)	—

資料出所：2019 年米国労働局データ・学歴別収入中間値

学歴と年収が比例

アメリカでは学歴と年収が比例している。前頁の表を見てほしい。おわかりのように博士号取得者は高卒年収に比べて2・5倍、修士は2倍、学士は1・7倍の年収で、大きな差がある。なかでも博士・修士は企業ではエリートとして、管理職や幹部、果てはＣＥＯ（最高経営責任者　Ｃｈｉｅｆ　Ｅｘｅｃｕｔｉｖｅ　Ｏｆｆｉｃｅｒ）にまで上れる機会が与えられている。彼らは何億円、何十億円、時には何百億円もの年収を得る可能性があるのだ。

初任給は職務で異なる

次に平均初任給（年収・換算レート１３０円／ドル）を見てみよう。大企業では、大学院卒が6万5千ドル（８４５万円）、学士が5万ドル（６５０万円）。院卒の初任給は学士より3割高い。

図表10　学士の2022年冬季専攻科目別平均初任給（年収）

科　目	年収（円換算レート１ドル130円）
コンピュータサイエンス	$75,900　（987万円）
エンジニアリング	$73,922　（961万円）
数学・科学	$66,760　（868万円）
ソーシャルサイエンス	$61,173　（795万円）
ビジネス	$60,695　（789万円）
農業・天然資源	$57,807　（751万円）
コミュニケーションズ	$55,455　（721万円）
Humanities（人文科学）	$50,681　（659万円）

資料出所：National Associations of Colleges and Employees Winter 2022 Salary Survey

また専攻科目によっても、前頁の図表10のように四大卒学士の間で初任給に差が出ている。理系に比べて文系はかなり低いのがわかる。専攻科目で初任給が違うというのは、日本と大きく異なるところだろう。そのわけは「職務」なのだ。その職務に合った人、それをこなせる人を採用するからである。

一方、日本の大企業はメンバーシップ経営であり、大卒は一括して採用。毎年春に文系、理系も含め、多くの学部から何百人もの新卒が一斉入社する。しかし初任給は一律に同じで、大学院卒と学士に少しの差を設けている程度なのだ。中小企業も同様である。

日本の学歴別年収差は小さい

では、日本の学歴別平均年収はどうなっているかというと、左頁の図表11のようにアメリカほどの差はない。

ここからいえるのは、日本は院卒修士・学士が高卒の約1・4倍なのに対し、アメリカは博士が高卒の2倍、修士・学士が1・7倍と、学歴による賃金格差が半端では

図表11 日本の2019年学歴別年収

	男　性	女　性
大学・大学院卒	約400万円（高卒の1.37倍）	約296万円
高専・短大卒	約315万円（高卒の1.08倍）	約261万円
高　卒	約293万円	約215万円

資料出所：厚生労働省「2019年賃金構造基本統計調査」

ない。アメリカは超学歴社会なのである。

30年働いても1・4倍

ここで少し視点を変えて、アメリカのフルタイム男性社員の中位者の給与を見てみよう。中位者とは、例えばA社の社員11人を給与の大きさの順に並べたとき、ちょうど中央にくる6人目の給与を指す。

30歳前後で入社した時の給与が、60歳前後になったらどれだけ増えているかというと、統計的に実は4割ほどしか増えていない。昇給で見ると、中位者レベルの社員は途中での賃金切下げはなく、毎年着実に増えていくのだが、その額はほんのわずかずつである。

皆さんが入社した時の給与が三十数年後の60歳時点でたったの1・4倍だと想像してほしい。「ええっ、こんなに少ないの?」と、がっかりする。でもそれが現実なのだ。ジョブ型社員(高校卒、短大・専門学校卒、四大卒学士)は厳しいのである。

ただ学士のホワイトカラーには希望がある。上の層に這い上がろうと、しばらく働いて貯金したのち、再び大学に戻り、大学院へ入ってＭＢＡ資格（経営学修士　Master of Business Administration）を取得する人がいる。あるいは学士のままで懸命に専門性を磨き、この分野では誰にも負けないぞと、「プロフェッショナル」を目指す人もいる。

そうすることで、ポストと給与が上がり、出世階段を上るエリートの仲間入りができるからである。その意味でアメリカは欧州のような上流・下流の厳しい二階層ではなく、その間に中流が存在するピラミッド型の三つの階層でできている。

上位職には多額のボーナス

アメリカ企業にもボーナスはある。ただしそれは上位の管理職や専門職、プロフェッショナル、スペシャリストたちが対象だ。会社業績や成果達成度に応じ、多額のボーナスが支給される。

一方、末端の一般社員にも支給されるが、その額は企業業績にほとんど関係なく、固定的で、年間1カ月程度にすぎない。これは欧州も同じで、13カ月目の給料というふうな考え方である。

　では日本はどうかというと、企業の利益を分配するという意味合いが強く、好不況によって額が変動する。このような形で総人件費をコントロールすることで、整理解雇をせずにすむというメリットを享受しているのだ。雇用は維持できても金額が不安定という両側面をもっている。

英語に泣いたエリート課長

「ひょっとしたら、役員も可能かも…」

Y氏は東大経済学部卒業時、大手商社や銀行、生保など数社の入社試験に受かったが、英語が苦手なのと、将来の出世を意識し、あえて準大手のK銀行に就職。「鶏口となるも牛後となるなかれ」だ。今、38歳で自他共に認めるエリート社員である。

人事部、企画室など管理畑の要職を経て、同期トップで年金部門の企画課長に昇進。次に控えている関連会社への出向をうまくこなせば、部長の椅子は秒読みといってもいい。「ひょっとしたら役員も可能かも…」と、そんな野心が身近な感覚として芽生えてきた。

一方、会社の業績はコロナ禍と超低金利の影響、そこへ積もり積もった不良債権の重荷もあって、経営危機に陥っている。総人件費の高騰も頭の痛い慢性的な問題だ。とはいっても、筆頭株主の親銀行が面倒をみてくれそうな気配があり、社内は一応、平穏である。頭取の天下りや役員の一掃はあるだろうが、かえって経営陣の若返りが期待できるのはありがたい。

英語に泣いたエリート課長

「しまった。英会話を勉強しておけばよかった」

ところがここにきて、突然その歯車が狂った。親銀行がいきなり子会社のK銀行を外資に売却すると発表したのだ。寝耳に水とはこのことか。社内は騒然となった。早くも3カ月後にはアメリカのB投資銀行との契約調印が完了。

外資はアクションが早い。日を置かず、本社のCFOが部下3人を引き連れて乗り込んできた。業務実態の調査である。

その日から会議がいきなり英語になった。Y氏は面食らった。相手側が雇った日本人通訳がいるにはいるが、何が何だかわからないまま、巻き込まれた。矢継ぎ早に書類提出を求められる。来る日も来る日も会議の連続で、提出文書も日英両語で作成せねばならない。

「しまった。英会話を勉強しておけばよかった」

客先接待と称して、ゴルフや宴会、社内営業などにうつつを抜かしていたのが悔やまれる。が今となっては後の祭りだ。英語なんて、もう何十年ぶりだろう。この英作文、正しい文法だろうか。

部下に作らせればいいのだが、部下も部下で3人とも、ふうふういいながら書類作成に没頭している。Y氏も辞書を引きひき、忘れかけたつたない英語で議事録や役員への報告書をこしらえる。ワークライフバランスどころではない。深夜まで会社に残り、土日も出勤だ。妻との会話もめっきり減った。

悪戦苦闘の毎日だが、企画課長として、年金部門の会議の司会をこなさねばならない。ところがそんなドタバタ状態に、思いもしなかった不快な出来事が追い打ちをかけた。同席している隣の課のH係長がにわかにしゃしゃり出てきたのだ。

驚いたことにこの男、英語が話せる。司会のY氏を差し置き、仕切り役の真似事をやり出したのである。アメリカ人スタッフは「Oh!」といって、親近感と喜びの目で応じ、以後、次第にH係長に向かって話すようになった。

以前だったら、「分をわきまえろ!」と一喝すれば事足りた。だが、外資に買収された今はそんな雰囲気ではない。外人スタッフは占領軍なのだ。彼らは英語を操るH係長にこれ見よがしに肩入れをし、Y氏には露骨な無視で応じる。

英語に泣いたエリート課長

会議そのものは通訳を介するのであまり不都合はないのだが、この外人スタッフの魂胆が気に食わない。英語ができない社員を無能視する姿勢があからさまなのだ。

Y氏にとっては一日一日が地獄であった。憂鬱が増していく。眉間にしわが寄り、滅多に笑わなくなった。妻の心配は募るばかりだ。夜は持ち帰ったパソコンとにらめっこ。睡眠を削って、相変わらず英訳の仕事をせねばならない。いつまでこんな生活が続くのか。

以前の国内資本の会社時代が懐かしかった。業績改善への取組みは誰もが協力しあい、個々人の業績というよりも、いわば全社的な大目標に向かって全員が走った。人間関係もおおらかだった。

それが何という変わりようだろう。もはや出世のことなど考える余裕がなくなっていた。むしろ自分がこの会社で生き残れるかが目下の心配事になっている。

折しも、「人員整理は時間の問題だ」という噂がしきりに流れてくる。外人スタッフの意を汲んだ人事部が震源地だということはY氏も気づいている。自分は外人部隊からは無能管理職のレッテルを張られ、いつクビにされるかしれない状況だ。20年ほど前の就職時、どの会社へ入るか、よりどりみどりだったのに、よりによって中堅銀行など選んでしまった不運が恨めしい。

年金事業が従業員ごと売却

そんな会社生活がかれこれ半年ほど続いたころだった。予期しないことがまたもや起こった。幸運の女神がY氏に微笑んだのである。彼が属する年金部門の事業が他社に売却されることになったのだ。

B投資銀行は買収資金の一部を回収するため、比較的財務内容のよい年金事業だけを売ることに決めた。しかも買い手は高収益を上げている日系の大手生保D社だという。もちろん従業員ごとの譲渡である。

「外資はドライだな」

Y氏は部下と共に赤ちょうちんで祝杯をあげた。赤字事業を売るならわかるが、儲かっているところを売るなんて、外資はよくわからない。だが、こんなドライは大歓迎である。もう外資なんてこりごりだ。これで苦手の英語とはきれいさっぱり決別できる。一流生保の新天地が待っている。すっかり諦めていたサラリーマン人生だが、再びその将来に明かりがともった。

現金なもので、この半年間の苦痛が嘘のように消え、やるぞという熱いマグマが体中

英語に泣いたエリート課長

に湧き上がってきた。妻の嬉しそうな顔を見るのがこれほど幸せに感じた時はない。

小生意気なH係長の顔がちらっと瞼に浮かんだ。どうせあの性格だ。新天地の大企業ではうまくいかないだろう。もうあの男のことは捨て置けばいい。隠微な余裕が胸に広がった。

ところがそんな喜びも束の間、現実はまたもやY氏を裏切ったのである。運命の神は冷たかった。どうしてこうも悪手が続くのか。そこには外資にいた時以上の憂鬱が待ち受けていた。

犬猿の仲だったSが上司に

年金部門のD社への譲渡後、Y氏はその能力を買われて総合企画室企画課へ配属された。肩書は課長付きの専門課長である。まあ、そこまではいいのだが、上司である課長の顔を見て、腰を抜かした。学生時代に犬猿の仲だったSが鎮座しているではないか。陰険な性格で、何かとそりが合わなかった間柄である。

Sとの対面の場は思い出すのさえ不愉快だった。買収時、名簿を事前に入手して、こちらの名前を知っていたのに違いない。だからこそ課付きとして自分を指名したと思われる。顔を忘れているはずがなく、待ち構えていたのだろう。何十年ぶりかの対面だというのに、別に驚きもせず、やたら丁寧な言葉で、しかも上司の立場から話しかけてきた。慇懃無礼というやつだ。何と皮肉なめぐりあわせなのかと、己の不運を呪った。

Sは表立って敵対しない狡猾さを身に着けていた。陰にこもった意地悪をさりげなく、巧妙に仕掛けてきた。嫌な性格はいっそう磨きがかかったようだ。思いっきりぶん殴ることができれば、どんなにせいせいすることだろう。

やっと念願の日系企業へ戻れたというのに、何と無念なことか。地獄の毎日に逆戻りである。出世など、もう無縁の身になった。

勝負はついた。サラリーマン人生に負けたのだ。配置転換という手もあるが、そんなわがままを申し出られる身分ではない。

Sの社内評価は高いと聞く。彼の下で、座敷牢のような鬱屈した日々がこれからも続くのだろう。給料はもらえても、気分は滅入るばかりである。給料の運び屋に徹する根性もない。振り返ってみれば、外資系のほうがまだましだったのかもしれぬ。少なくとも外

英語に泣いたエリート課長

人部隊に対する反発心が心の支えになっていた。気持ちはまだ死んでいなかった。だが今はもう抜けがら同然の四十男に成り下がっている。

H係長のように英語がしゃべれれば、違った運命の船に乗ることができたのかもしれない。やつは目端の利く利口者だ。この生保へ来て2カ月もたたないうちに辞表を提出し、欧州系外資の日本法人へ転職していった。その時の言いぐさが気に食わぬ。給料が5割もアップするとか何とか吹聴しながら、意気揚々と去ったのだった。

座敷牢生活も半年ほどが過ぎた。こっそり人材紹介会社へ転職相談に行ったが、これといった特技もなく、早々に追い返された。H係長が転職先で昇進したという噂を聞いた。だが腹を立てたり、嫉妬する気力もない。

「英語か…」と、Y氏は力なくつぶやいた。

第4章

ジョブ型雇用と階層社会

1

階層社会アメリカ

〈厳密にはアメリカは上・中・下の3階層〉

アメリカの社員はエグゼンプトとノンエグゼンプトに大別される。エグゼンプトは残業代が支払われない月給社員（支払方式は年俸）、ノンエグゼンプトは残業代が支払われる時給社員（支払方式は週給）である。後者が全労働者の6割を占めている。

エグゼンプトは主に管理職・専門職・営業職などに従事するホワイトカラー社員を指し、一方、ノンエグゼンプトは①ホワイトカラーの一般職社員（事務職、営業職、研究職、技術職、販売職、管理職などの、生産を伴わない職）②直接、生産に携わるブルーカラー（現場労働者）社員の二者からなる。

図表12　アメリカの社員は3階層からなる

社員	区分	階層	区分	特徴	学歴など
社員	ホワイトカラー（事務・技術労働者）	上流・上級職	エグゼンプト	•管理職、専門職、営業職… •残業代なし。労働時間管理は行われない •月給制、年俸制 •昇進・昇給階段を上る •高いパフォーマンスを求めて必死に働く •成績査定に大きな差がある •ワークライフバランスを犠牲	•博士号所持者 •修士号所持者 •プロフェッショル、スペシャリスト
		中流・中級職	ノンエグゼンプト	•一般職員（事務職、営業職…） •残業代あり （残業が週40時間を超えた場合、超えた時間について50%の時間外労働手当が支払われる） •時間給制（週給支払い） •成績査定で大きな差がつかない •仕事は定型的。一生同じ仕事 •上流・上級職への壁は厚い •昇給は緩やか。給与の切下げはない •ワークライフバランスを楽しむ	•学士（四大卒） •短大、専門学校卒
	ブルーカラー（現場労働者）	下流・下級職		•直接、生産に携わる （製造や建設などのモノづくりに携わる肉体労働者） •残業代あり •成績査定で大きな差がつかない •仕事は定型的。一生同じ仕事 •昇給は緩やか。給与の切下げはない •ワークライフバランスを楽しむ	•短大、専門学校卒 •高卒

入社するにあたり、どの階層、つまり上級職で入るか、中級職で入るか、ブルーカラーとして入るかにより、給与が大きく違ってくる。とりわけ新卒者の場合、その入り口の処遇は、学歴、資格等の教育によって決められるといっても過言ではない。

経営、企画、管理の職に就く上級職

この3層の中で給与が高いのは上級職だけで、ここに加わるためには、大学院卒の肩書が必須である。大学を出ただけの学士では無理なのだ。

さて、仕事内容だが、ピラミッドの1番上の上級職は経営、企画、管理等の職に就き、2番目の中級職に命令を下す。上級職は「エグゼンプト」と呼ばれ、残業代はもらえない。

ここでの仕事は、時間をかければ成果が出るという類のものではないので、労働時間で管理されない。給与は月給制や年俸制。

新卒の場合、事務系ならＭＢＡ（経営学修士）や会計士、技術系なら工学修士の肩書を持った人が応募資格を持つ職位である。この上級職レベルの人たちは将来の幹部候補生であり、スタートの時点から高い給与で出発し、一歩一歩、昇進・昇給の階段を上っていく。上昇志向が強く、猛烈に働くのを苦にしない。

しかし、途中でこの階段上りを諦めて、ワークライフバランスを選択する人もいる。当然その時点でポスト・給与はストップするが。

上級職が全員出世するというわけではない。5、6年たった頃から10年頃にかけ、会社は幹部候補生としてエリートを選抜し、みっちり教育訓練をしていく。数年おきに多様な職務を経験させたり、赤字事業部の立て直しを命じたり、海外工場を経験させたりして、人材の絞り込みをし、経営者になるためのゼネラリストに近い育て方をしていくのである。彼らはどこで働くか、職場を選べない。

上級職は会社から職務で規定された高いパフォーマンスを求められ、その要求を満たすために、ワークライフバランスを犠牲にして必死に働く。しかしうまくいかず、自分の思うように出世できなければ、さっさと転職していくというのが普通である。

彼らには職務を満たす十分な実績や、人に負けないプロフェッショナルとしての技量があるので、職務主義のアメリカでは容易に転職が可能なのだ。

事務職、中級技術者の中級職

2番目が中級職である。事務職や中級技術者として実務的な職務を行うホワイトカラーを指す。「ノンエグゼンプト」と呼ばれ、時間給で残業代が出る。給与の支払いは残業代込みの月給が多い。学士・短大・専門学校卒で構成している。

3層目の現場労働者とは違い、肉体労働をすることはないが、上級職から命じられた定型的な職務をこなす毎日だ。例えば会計業務の入力作業だけというふうに、狭い範囲のジョブに縛りつけられている。狭いレンジの地位と報酬しか与えられていないのである。

命じられた仕事を済ませるだけでよいので、定時に退社するのが普通。決まりきった仕事をこなしているから、成績査定で大きな差をつけられることはない。だから毎年昇給していく。しかしその率は非常に小さく、入社時から三十数年後の60歳時点でも、たったの1・4倍にしか増えていないのが実態である。昨今の物価インフレを考慮しても、これに数パーセント加わる程度だろう。

中級職が同じ社内で壁を破って上級職に上がるのは至難の業である。事務職で入った人は一生事務をやる。だから志ある人は大学院に入り直してMBA資格を取得し、学歴というパスポートを手に入れるのだ。

転職については、上級職と同様にこの層の人も難しくない。同じような職務を募集している会社はいくらでもあるし、給与水準も複数の外部の報酬調査会社が公表しているので、値切られることはない。「この職務は○○ドル」と、市場価格が決まっている。もちろん年齢や性別は関係ない。意欲ある人はよりベターな条件で転職し、ステップアップの手がかりを得ようとする。多くの人は転職でより高い給与を勝ち取っている。

ブルーカラー職（下級職）

3層目は直接、生産に携わるブルーカラー労働者、つまり製造や建設など、ものづくりに従事する現場の肉体労働者である。仕事はきわめて定型的。中級職と同じく「ノンエグゼンプト」と呼ばれ、時間給で残業代が出る。給与の支払いは週給だ。高卒や短大・専門学校卒で構成されている。

定時に帰宅して、ワークライフバランスを楽しむ。査定では大きな差はつかず、入社した時の給与が三十数年後の60歳時点でたったの1・4倍までしか増えないのは中級職と同じである。

基本的に平等な日本

日本企業では入社時、院卒と学士の間には初任給で少しの差はあるものの、出世の壁はなく、皆が昇進・昇給の無間階段を上っていける。基本的に平等なのだ。

また彼らと高卒・短大卒組の間にも給与差はあるが、出世の壁はないか、あっても薄い。有名企業でも、高卒・短大組から社長や役員などの幹部になる人がいる。

年収ベースで見ると、院卒・学士は高卒の1・4倍にすぎず、米欧のような厳格な階級差は存在しない。しかしやたらと長時間労働が多く、ワークライフバランスとは縁遠い。

他方、下層のブルーカラーの場合、上への壁は厚い。原則、長時間労働はあまりない。

階層で異なる仕事と生活

欧州では学歴による上流・下流の階層差が厳しく、両者を隔てる壁を超えるのは非常に困難である。年収、昇進の面で、両世界のすみ分けができている。下流層の年収アップのカーブは非常に緩やかで、何しろ三十数年たっても1・4倍なのだから。

一方、アメリカ社会は中流層を含めた3階層で成り立っている。学士でも努力しだいで上級職やあわよくばエリートにまで上れる可能性があるのだ。だがそれを可能にするのは修士以上の学歴取得があってこそだというのを忘れてはならない。

基本的に欧州の下流層や米国の中流・下流層の人たちが管理職や技術者になるということはない。彼らはそのままずっと同じ仕事を最後までやり続けて会社生活を終えるというのが米欧の形態なのである。

では米欧の中流や下流社員は不満なのかというと、そうではない。逆である。定時に帰り、家庭での私生活を楽しんで、ワークライフバランスを実践している。

年収は600万円ほどであっても、夫婦で働くので、所帯としては1000万～1200万円となり、ある程度、余裕のある生活ができるのだ。この層の夫婦は共働きが普通である。夫婦が定時に帰って、家事や子どもの面倒を見る。忙しくて残業が必要な時にはベビーシッターなどを雇う金銭的余裕がある。

ただこういった一見、平穏な生活も、心の底には人間が自然に持つ向上心を抑えられているという根本的問題を抱えている。不満顔は見せないが、それは諦めているからこその平穏ではないのか。

特に下級織にはいつ破裂するかもしれない鬱積があり、移民などに誘発されて、いつ何どき爆発するか、そんな危うさを抱えているのが米欧社会なのだ。現に何か事件や事故があると、それに便乗したスーパーなどへの商品略奪が起こっている。

一方、上級織はどうだろう。一転、彼らは平穏には縁がない。出世の階段を上るのに猛烈に働かねばならないのである。ワークライフバランスどころではないのが実態だ。ただ年収は高いので、一般的に子どもの世話には家政婦やベビーシッターを雇う。

しかし欧州では多少異なる。中間層はなく、上下2つの階層格差は厳然としていて、ほぼ生涯、変わらない。学士は資格を取ることで上部に這い上がり、経営管理の下に位置する「中間的職務」を得る。

ただ、それなりに昇進・昇給はしても、エリートへの壁を超えることは困難である。給与は年収で入社時に比べ、60歳になっても４割弱ほどしか上がらない。それでも製造工などよりは４割弱多く、四大卒の学士の多くがこの中間的職務に就いている。

「職業資格」で決まる仕事の範囲

欧州諸国には「職業資格」制度というのがある。仕事に就くとき、その資格がないと、正規の給与がもらえない。秘書も就職するには秘書の「職業資格」がいるのである。

高学歴でないジョブ型の労働者は、企業あるいは公的な職業訓練機関でカリキュラムに沿った訓練を受け、公的資格を得る。製造、販売サービス、技術、事務、経理等々に分け、それぞれを細分し、さらにそれらを何十、何百に細分して訓練し、それら超細分化した仕事に公的な「職業資格」をレベル付けして与えるのだ。

だから会社を辞めても、職業資格があるので転職は容易にできる。例えば機械加工なら、「旋盤によるどんな加工内容で技能レベルは何等級か」などの資格があれば、それが即、職務内容であり、他社に転職できるのである。ただし同一職務で働かねばならない。資格で区切られた範囲内の仕事しか通用しないのだ。

「この人は優秀で、旋盤だけでなく、むしろ工程管理に向いている」とわかっても、旋盤の範囲を超えることは不可である。旋盤の職務は保証されても、他の職務への転換はできない。そのためには新たな「工程管理」の資格を得ねばならないのである。

つまりこの労働者は一生、旋盤加工の仕事に従事し、だからその分野ではますます熟達して時間にゆとりができる。そして、長い年月をかけてゆっくりゆっくり昇給し、ワークライフバランスを楽しむ人生を送ることになるのである。

そして妻も職業資格を取得して働いており、夫婦の所得を合わせれば、結構、ゆとりのある生活が可能である。夫婦とも時間的なゆとりがあるので、十分に子どもの面倒を見られるし、ベビーシッターを雇うこともできるのだ。

アメリカでもこの層のジョブ型社員は、エリート層やプロフェッショナルに比べて給与は格段に低い。しかし欧州と同様に夫婦共働きなので、家計としては上流層とあまり変わらず、しかもワークライフバランスを楽しめる。

図表13 米欧日の階層比較とワークライフバランス

<table>
<tr><th></th><th>米</th><th>欧</th><th>日</th></tr>
<tr><td>上層</td><td>ワークライフバランス
（×）</td><td>ワークライフバランス
（×）</td><td rowspan="2">ワークライフバランス
（×）</td></tr>
<tr><td>中層</td><td>ワークライフバランス
（○）</td><td>ワークライフバランス
（○）</td></tr>
<tr><td>下層</td><td>ワークライフバランス
（○）</td><td>ワークライフバランス
（○）</td><td>ワークライフバランス
（○）</td></tr>
</table>

階層上昇への壁は厚い

では日本のサラリーマンはどうなっているのだろうか。次に見ていきたい。

2 階層分化が明確ではない日本

日本人は米欧のような徹底した個人主義ではなく、仲間とはできるだけ波風を立てずに生きようとする「和」の集団主義である。「競争」の下部には「共生」の意識が潜在的に埋め込まれている。

だから個々人の能力差もあまり露骨につけたがらない。「誰でもやればできるのだ」という能力の平等感が根強くあるのだ。それは新入社員に対する会社の接し方、とりわけ新入社員教育に現れている。

誰でも役員や社長になれると思わせる

大企業では毎年、一度に数百人の大卒を一括採用し、入社早々から社員教育が始まる。学士も修士も博士も、文系も理系も、平等に社員教育をして、「皆さんは誰でもが将来、部長、役員、果ては社長にまでなれるのですよ」と、期待を抱かせるのだ。将来、幹部として育ってもらいたいと会社も期待していて、たっぷり5年、10年をかけて、一人前に育て上げるのである。

社員のほうも、自分もいつかは管理職や経営幹部になれるかもしれないと、意気に燃え、頑張る。米欧のような入社時からエリートとその他大勢というふうな区分けはない。いったん入社してしまえば、東大卒であろうと、地方の三流大学卒であろうと、平等なスタートを切って、昇進・昇給の無間階段を上っていく。

しかし、5年、10年たてば、おのずと能力差がついて、昇進組とその他大勢の見分けが誰の眼にも見えてくる。にもかかわらず、能力・実績に差があっても、会社は年功意識から抜け切れないまま、全員の昇給を続けていくのだ。それは人事評価が「職能等級制度」によっているからである。これについては重要なので、後で詳述したい。日本の雇用システムを一口で言えば、入り口が新卒一括採用で、出口が終身雇用ということになる。

いろいろな仕事を経験させる

日本企業は育成の仕方が米欧とは大きく異なっている。例えばA氏が大学文系を卒業して、４月に某メーカーに入社したとしよう。人事部は本人の希望を聞くことなく配属先を決める。将来の幹部になってもらうために、まず生産現場を知ってもらおうと、関東工場経理課の辞令を出したとする。

A氏はホワイトカラーなのに、ワイシャツではなく製造に従事する現業員と同じ作業服を着ねばならない。出納係に配属され、領収書や請求書、納品書の記帳をすることになるのだが、当初はそんな仕事を与えられない。最初やるのは〝雑巾がけ〟だ。コピー取りやファイル整理、電話番などからスタートするのである。

その後、パソコンや帳簿へ徐々に記帳するようになり、経理に関する一般事務職の範囲を広げていき、能力が上がるにつれて主任、係長などへ昇進していく。そして経理から労務、企画、営業など、いろいろな職務を経験し、こうして将来、管理職になるための訓練を受けながらゼネラリストとして育成されていくのである。あるいは同じ事業部内にとどまる者は、そこでのいろいろな職種の経験を積んでいく。

特別の資格保有者を除き、同期入社全員がA氏と同じように、ローテーション教育を受けてゼネラリストへの道を歩むのである。

一方、米欧では新卒の一括採用はない。欠員が生じた時に補充する。その職務にふさわしい専門スキルをもった人の中途採用なのである。

これに反し、日本の大企業では、中途採用はあるにはあってもメインではなく、大量の新卒を一括採用し、自社の「メンバー」として迎え入れる。だから新卒者の専門分野にはほとんど関心がなく、採用基準は地頭の良さと潜在能力の高さなのだ。余談だが、そういう意味で東大や京大、東工大、一橋、早慶などの学生は大学名だけで優遇されているように思えるのは偏見だろうか。「学歴」主義ではなく「大学名」主義なのである。

新卒者たちは特定のスキルをもっていないので、OJT（実務体験を通じて行われる計画的な育成（On the Job Training）でじっくり時間をかけて育成していく。職場の上司や先輩が日々の仕事を通じて指導し、知識や技術などを身に付けさせる。こうして企業のメンバーとしてのいろはを叩き込んでいくのだ。

専門スキルも大事だが、むしろ他部署の人とうまく調整し、波風立てずに話をまとめていく能力が評価されるところがある。仕事ができすぎて角のある人間は敬遠されがちだ。

そのためには時間をかけて多くの部署を経験し、多くの人と一緒に仕事をしてきた社歴の長い社員が有利になる。この結果、生まれたのが「年功序列」である。

社内での経験を積めば積むほど、地位も給与も上がっていくという制度だといえる。社内のさまざまな人と人脈があるため、多少の無理が言えるし、仕事を進める時にどこの部署の誰に話を通したらスムーズにいくのかを知っている。

〔米欧では専門家へ一直線〕

一方、米欧ではどうだろうか。大学院や大学を出て「幹部候補生」として入った人たちが、生産現場に配属されることはない。彼らは最初から係長とか課長、部長などの管理職ポスト＝職務が与えられて、部下ありの状態で仕事を始める。

採用時に職務内容が提示され、それに合った人が入社するので、あるいはまだレベルには足らなくても、その職務ポストに成長できる最有力者と認められて入社するので、日本とは違い、現場での作業や、雑巾がけ、作業服を着ることなどはないのである。

また育成の仕方もゼネラリストなどを目指さない。本人と相談のうえ、その職務の専門家、スペシャリスト、プロフェッショナルの方向へと一直線に走る。かの地では「私は何でもできるゼネラリストです」というのは、「私は何もできません」と宣言していることになるからだ。日本との大きな違いである。

その分野の第一人者になり、人に負けない実績を上げることで、あるいはそうなる能力を示すことで、彼らのうちの何人かには大きな幸運が待ち受けている。30代の早くからエリート組に選抜されて、役員やＣＥＯ（最高経営責任者）になるための英才教育を受ける特急列車に乗れるのだ。そしてこの特急列車組には幹部になるための「本物のゼネラリスト教育」が施される。

日本中にあふれるゼネラリスト

日本中には大量のゼネラリスト的管理職があふれている。ところが専門性をもたないので、いざというとき、転職がうまくいかない。「これなら人に負けないぞ」という得意技、スペシャリティがないからである。だから50歳、60歳でリストラにあったとき、仕方なく低賃金の非正規社員にならざるを得ない人が出てくる。でもこれでは困る。

今、企業は人件費の重さで経営がますます苦しくなる一方だ。倒産や工場閉鎖、人員整理など、前方には雇用崩壊という激動の時代が待ち構えているといっても過言ではなかろう。

この難関を何としてでも生き抜くために、各人に今から周到な準備が必要なのは論を待たない。年功的な「サラリーマン」生活とはおさらばだ。今、大事なことは「プロフェッショナル」マインドへの切り替え、この一点である。

さて米欧で採用されている職務給型だが、これはその職務に就く人に高い専門性を要求する雇用制度である。その職務に就くと、将来、転職する時も、再び同じ職務に就く。このようにして、自分の持つ専門性を深掘りしていくことが可能となるのだ。そうすることで、その人の価値も高まり、昇給を獲得することも可能になるのである。

前の会社でリストラにあったとしても、専門性は企業や業種を通じて横断的に有効なので、比較的容易に仕事を見つけることができる。

チーム制の日本企業

話は変わるが、日本企業の特徴として、ホワイトカラーであってもチーム制で働いている会社が多くある。仕事の分け方が一つのチームという大くくりなのだ。

例えば課長がいて、その下に部下がA氏、B氏…と5人いたとしよう。各自は別個の仕事をするが、完全に分業しているわけではない。A氏の仕事が遅れた場合、課長はB氏らに命じて手伝わせるし、あるいはB氏が出張で不在になれば、他の人に代わりを務めさせる。

このようにいざという時にはワンチームとして成果を達成しようとするのである。

だから大部屋に全員が机を並べ、声を出せば伝達しやすいような配置になっている。各自の仕事の境界がはっきりせず、何だか連帯責任のような働き方なのである。

一方、米欧では１人の上司、例えば課長がいて、その下に部下Ｆ氏、Ｊ氏が配属され、ここまでは日本と同じだ。しかし部下は皆、互いにまったく別の仕事を持ち、独立している。基本的に課長命令で誰かの仕事を助けるというようなことはない。

なぜなら各自の職務内容と範囲が明確になっていて、それに見合った等級を与えられ、給与が決まっているからである。Ｆ氏がＪ氏の仕事を手伝っても、それは善意だけで終わり、報酬には反映されない。部下たちは自分の仕事には精通していても、他者の仕事には関心がなく、隣の人が何をやっているか知らないのだ。知っているのは課長だけというのが外資系企業である。

しかしこの職務給型の仕事遂行はあまりにも硬直的で、それを修正するために、昨今は職務記述書に「上司が命じる他の仕事も含まれるものとする」といったように、がちがちの職務境界を少し和らげる記述が付加されている。とはいえ、日本式の連帯責任となるようなものとはほど遠く、ゲゼルシャフトらしく個人の責任と権限はばしっと貫かれているのである。

机の配置にしても、一同が大部屋というのではなく、課長と係長レベルは個室に入り、他の一般社員は大部屋だがパーティションで仕切られた独立型になっている。

また定時後の職場にも違いがある。日本では、定時を過ぎても課長が帰ろうとせずに居残っていると、部下はなかなか帰りづらく、さも仕事をするようなふりをして居残る光景がよく見られる。

しかし職務が明確な米欧では、そのようなことは滅多にない。周囲がどんなに忙しくしていようと、各人は遠慮なくさっさと帰宅する。そしてワークライフバランスを楽しむのだ。そう考えると、職務給＝ジョブ型は社員の生活様式を根本的に変えるシステムなのである。

図表14　責任と権限の境界

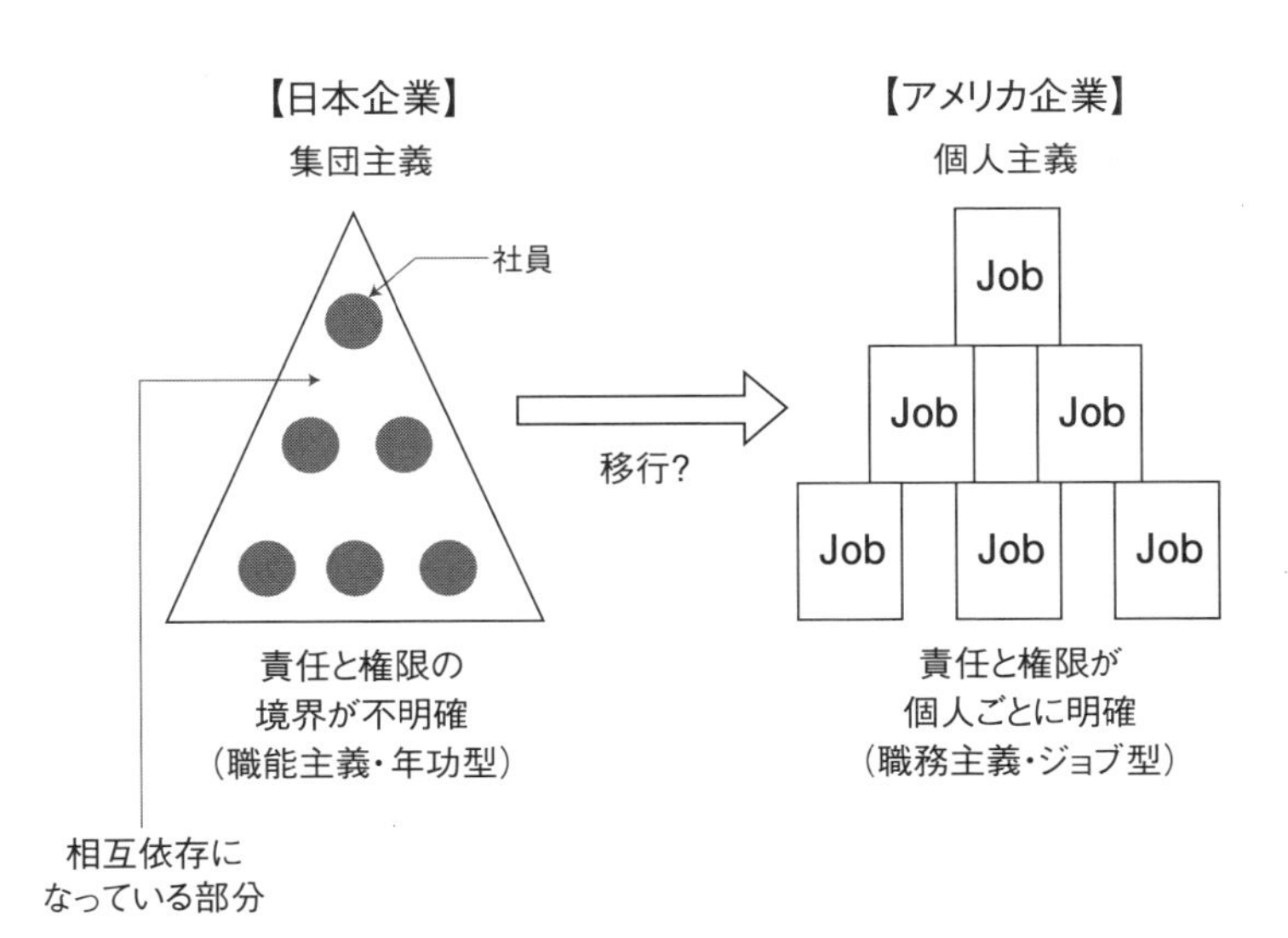

3 職能等級制度の世界

有能な社員が昇給していくのは当然だが、職能等級制度の特徴は、能力の低い社員も定期昇給・ベースアップなどで毎年昇給していくことだ。能力差で給与の差が多少ついたとしても、60歳、あるいは50歳になるまでほぼ全員が上がり続け、その結果、総人件費の膨張が生じて、儲からない会社になってしまうのである。

ちなみに社員の年代別賃金を調べてみると、毎年上がってはいくが、50歳前後でほぼピークに達し、その後下がっていく傾向が見られる。

しかし反面、サラリーマンの間では米欧のような極端な二極分化が起こらない。これは社会にとって、いいことだが、誰もが出世の無間階段を上って必死に働こうともがくあまり、長時間労働やワークライフバランスが達成されないなどの不具合が起こるのだ。ではいったい、この職能等級制度とはどういうものだろうか。

能力が上がれば給与が上がる

筆者が川崎重工へ入社したのは１９６５年（昭和40年）である。ちょうど高度経済成長が始まって10年。日本全国で工場が拡張に次ぐ拡張。人手不足が深刻となり、特に溶接技能者の確保は重機械メーカーにとって死活問題だった。

「社員を大事にしよう」「辞められては困る」。そんな気風がいっそう高まり、年功的な要素の強い職能等級制度が浸透。終身雇用と年功序列による昇進・昇給だ。給与は年齢給や勤続給が主で、一応、能力等級は付しているものの、名ばかりの能力主義である。

その後、単なる年功ではなく、より「能力」を重視した能力主義人事制度へと移っていく。能力評価によって給与にメリハリをつける能力給で、職務遂行能力を評価基準とし、能力によって人の給与が決まる職能等級制度である。職務遂行能力は蓄積していくものだと考えられ、いったん認定された資格等級は下がることはない。

この職能等級制度は今日でも日本企業の主流となっていて、本質的には依然として年功序列賃金のままである。その理由は能力が上がれば等級＝給与が上がる仕組みだからだ。会社の業績は関係ない。仕事に慣れれば慣れるほど能力が上がり、どんどん年収も上がって、ひいては会社の総人件費が膨らんでしまったのだ。課長や部長などに昇進しなくても、給与は上がり続けるのである。

そこで1990年代以降、役割主義や成果主義、仕事主義、結果給などの概念を導入したが、混乱だけ残して効果がなかった。目標管理制度やコンピテンシーが救世主になるかと期待したが、これも一服の清涼剤だけで終わっている。その理由はメンバーシップ型雇用の一部の要素だけをいじくっているからだ。

部長や課長が複数いる

ポストについて、某社の営業部をモデルケースにして考えてみよう。まず営業部長のポストに就くのは1人、A氏（7等級）だけである。またその部下の営業第1課長ポストにはB氏（6等級）、第2課長ポストにはD氏（5等級）がいる。

ところで7等級のA氏と同じ等級のC氏も「専門部長」という名目で、部長として

図表15　事例・某社営業部組織

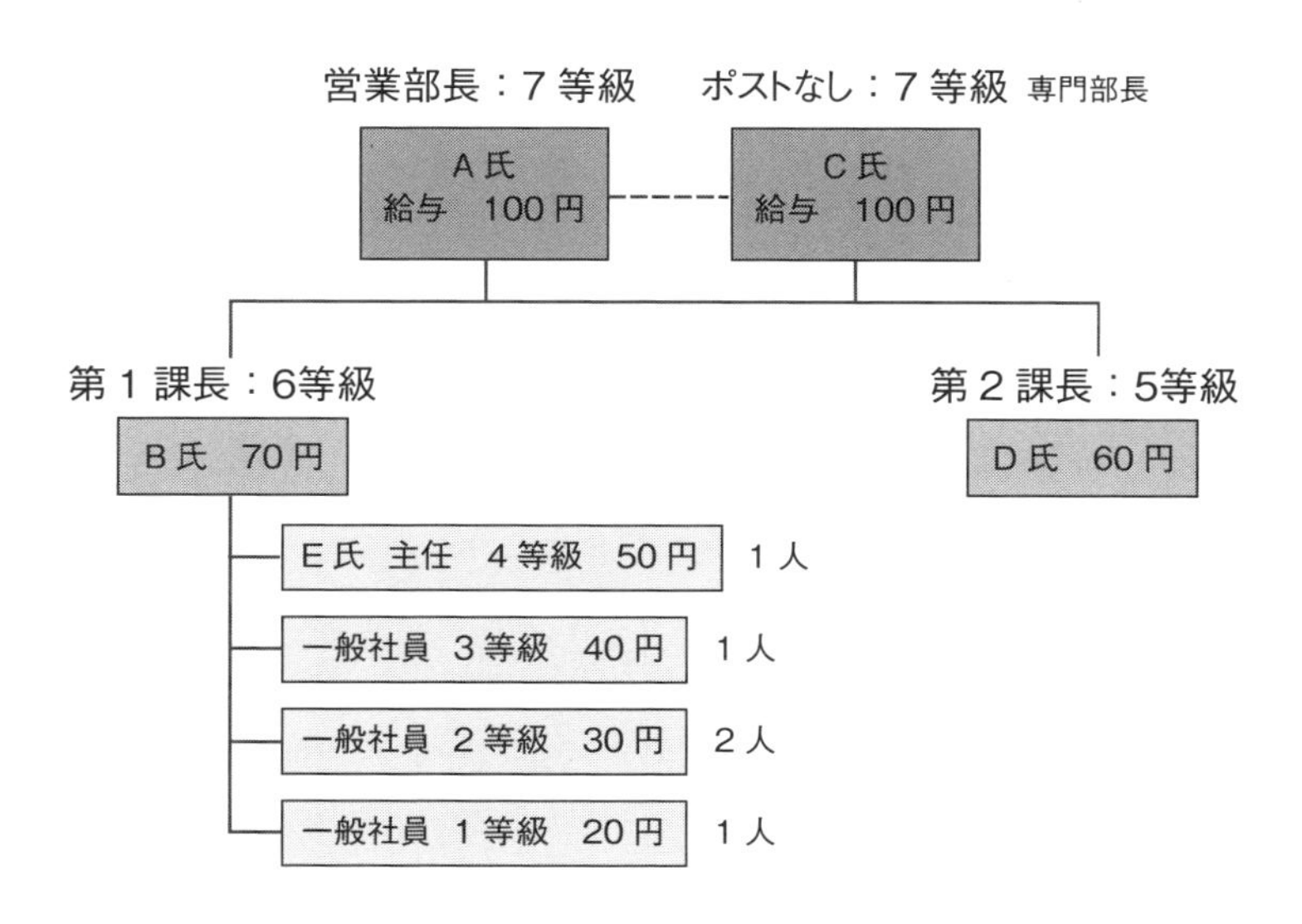

壁際の机に部下なしでポツンと座っている。A氏とC氏は同じ等級なので同じ給料だ（正部長という役職手当だけが違う）。一つの営業部に同等の部長級が2人いるわけである。社内では皆がA氏とC氏の両方を「部長」と呼んでいる。また営業課長ポストには6等級のB氏と5等級のD氏がいる。2人とも課長ポストに座っているが、2人の等級は違う。これが日本企業の日常の風景なのだ。

等級＝給与だから、一つの営業部内のポストに多職務（ポスト）・多賃金が入り交じっていて、こういう複雑な職能等級制度は米欧からは非常にわかりづらいシステムである。一つの営業部内のポストに7種類の給与レンジが入り混じっているわけだから、ポスト＝職務＝給与という彼らの眼から見れば、混乱しないほうが不思議なのだ。

また営業課長ポストには6等級のB氏と5等級のD氏がいる。2人とも課長ポストに座っているが、2人の等級は違う。これが日本企業の日常の風景なのだ。

もし米欧の企業なら、営業部の部長ポストにはX氏（職務等級7級とする）だけがいて、他に7等級相当の部長はいない。1ポスト1人である。課長（6等級）も同様で、そのポストに5等級の人が就くことはあり得ないのだ。5等級なら課長ポストは与えられない。この考えは会社の全組織で徹底している。だから米欧から見れば、日本のケースは不思議でたまらないのである。

この日本企業にはまだ続きがある。営業部の第1課長の下には、主任ポストに４等級１人がいる。主任の４等級１人の下に、一般社員の３等級１人、２等級２人、１等級１人がいる。９人から成る大部隊だが、ポストについていない同等級の部長や課長、主任、一般社員が混在している。一般社員の給与は能力等級が異なるので、同一ではなく、ばらばらである。

職能主義は人にポストをくっつける

日本は人を第一に考え、その人に合うようなポストをくっつける。一方、米欧はポストを第一に考え、そのポスト＝職務に合うような人を付けるのだ。

例えば先ほどの営業部の例では、「この社員C氏は7等級だが仕事ができず、困った存在なので、ライン部長ではないお飾りの部長に祭り上げておこう」などと、勝手に部長ポストを増やしたりする。あるいは逆に「優秀なので7等級に上がったが、部下はいないが部長付きの部長に上げておこう」というふうに、人にポストを付ける。

職能等級には基本的に定員はない。ポストの数など、どうにでもなるのだ。社員の能力がアップしたら、認定会議を開いて、どんどん昇級させるので、部長クラスや課長クラスが増え続けるのである。

一方、米欧ではポストの数は不変である。ポストごとに等級＝給与が決まっていて、部長（例えば7等級）の数は全社組織の中で何人と決まっている。職務主義はあくまでも「ポスト」が基軸なので、定員は決まっている。つまり決まったポストに適任の人を付けるという形。X氏であってもY氏であってもZ氏であっても適任であれば構わないのである。

では前述のX営業部長（職務等級7級）がいる営業部で、部下のY氏（6等級）が優秀で7等級部長の職務を遂行できるまで成長した場合、どうなるか。

選択肢は3つ。①X部長が何らかの理由で辞めない限り、Y氏は7等級に昇級できないので、我慢してここに居続ける。なぜならポストは一つだから。②たまたま社内で欠員が出た他の7等級ポストの社内公募に応募する。③それがダメなら、会社を辞めて転職する、という選択になる。転職市場は整っていて、他社で同等の職務（7等級相当のポストと給与）を見つけるのはそれほど困難ではない。

図表16　社員のランク付け

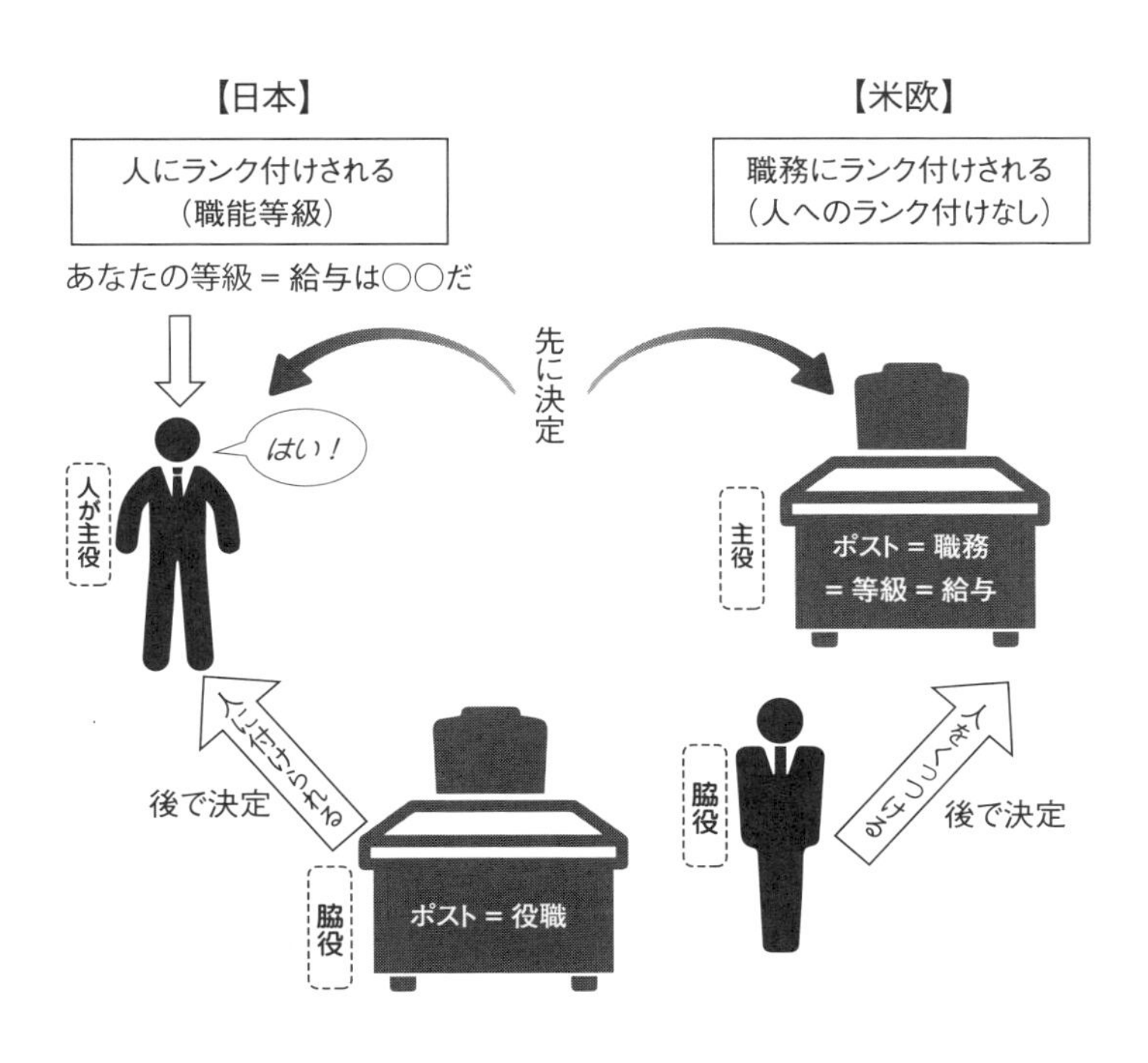

そして、一般社員の話。営業課長の下に一般社員が3人いたとしよう。そうすると、皆が最下位の1等級である。年齢や経験の差などは関係なく、皆が同じ一般社員の給与をもらう。

繰り返すが、米欧の職務主義での等級は職務＝ポストに付くのであって、個人に付けられる「能力等級」ではない。米欧が「はじめに職務、ジョブありき」なら、日本は「はじめに人ありき」の仕組みなのだ。

総人件費が膨張する

なぜ日本では一つのポストに多職務・多賃金が入り交じるのか。それは昇進の仕方に原因がある。

営業部の中で、仮に主任4等級の社員E氏が能力試験にパスして5等級に昇級したとしよう。すると彼は自動的に課長待遇となる。上司のA営業部長はE氏のことを「いずれ営業部を担う人材だ」と高く評価していて、他部門へ課長として放出しようとはせず、自部門の5等級課長B氏付きの専門課長として配置しようと人事部に掛け合う。その結果、課長クラスがB、D、Eの３人に増えるのである。

というのも職能等級では、実際の役職とは関係なく、組織内での役職が部長や課長というポストでなくても、部長や課長レベルの職務遂行能力を満たしていると判断されれば、相応の処遇（同じ給与）が与えられるからだ。

このようにして、全社で社員が出世の無間階段を上っていき、ますます総人件費が膨張して経営を圧迫する。つまり職能等級制度は社員に「将来、管理職や役員になれるかもしれない」という夢を抱かせる効果はあるけれど、総人件費がうなぎ上りに膨張するという宿命がついて回るのである。

もし米欧のように、それほど苦労せずに大量の解雇ができるなら問題はない。それが人道的に良いか悪いかは別にして、経営的には有効だ。

しかし日本では解雇が難しいから、現状では手の打ちようがない。倒産を待つか、事業を売却するか、特別退職募集に踏み切るか、整理解雇か、そんな後ろ向きの結末が待っている。社員は職を失うこととなり、「それなら転職を」と思っても、年齢が上がるにつれ、難しくなるのが実態なのだ。

役割給の登場

職能主義では能力が上がるたびに昇級させるものだから、なかには、ひとたび昇級したら急にぐうたらになって仕事をしない、なぜかやる気をなくすなど、お荷物になる管理職も出てくる。

それもそのはず。職能主義は能力の高低や多寡が等級の基準であり、肝心の職務内容の規定がない。「この等級になったら、何をしなければならない」と、どこにも書かれていないのである。

そこで1990年代以降、日本企業では、「役割給」や「職責給」や「成果給」などの概念を導入して、補足・改善を図った。能力の高い人にはそれにふさわしい仕事をしてもらおうと、等級に応じて、○○級の人にはこういう役割をしてもらうというように、ランクの違いに応じて職責を明示し、その「役割」で処遇を決定する仕組みが採用されるようになったのである。

図表 17　ポストから見た職能主義と職務主義（例）

日本企業							アメリカ企業	
ポスト						職能等級	ポスト	職務等級
理事						9 級	General Mgr	9 級
	室長					8 級	Director	8 級
	室長	部長				7 級	Assist Director	7 級
		部長	課長			6 級	シニア Mgr	6 級
			課長			5 級	Mgr	5 級
				係長		4 級	Assist Mgr	4 級
					一般社員	3 級	Leader	3 級
					一般社員	2 級	Assist Leader	2 級
					一般社員	1 級	スタッフ	1 級

- 同一ポストに等級の異なる者が混在
- ポストに定員がない→管理職が増え続ける
- 人にポストを付ける

- ポストの数は一定
- 同一ポスト同一賃金
- ポストに人を付ける

例えば5等級課長は6等級の正課長をサポートする役割、4等級主任は3等級主任にはない「クレーム処理の役割」等を設定するなど、同じポスト内で多少の給与差を設けたのだ。

しかし、これは改善にはなっていない。なぜならポストの数に人をあてるのではなく、人にポストをあてている（増やしている）からである。相変わらずポストの定員がない。従来の職能等級制度と何ら変わらず、人事部の気休め程度で終わった。その証拠に総人件費は多少の節約はできても、ほとんど減っていないし、むしろ日々、増え続けている。

ジョブ型雇用の一部導入

2023年以降、政府は持続的な賃上げを実現するため、年功的な職能等級制度からジョブ型（＝米欧の職務給制度）に切り替えるよう勧めている。すでにまだ一部だが、職務給に基づく雇用に切り替えている会社や、そこまでできなくても、社内のいくつかの専門部門でジョブ型を採用するなど、動きがある。

しかしこれも欠陥ありだ。というのは、そういう会社も相変わらず新卒一括採用をし、長年かけて社員教育をしている。人事権も会社にある。誰もが昇進の無間階段を上っていくという、職能主義の大枠は変わっていない。人にポストを付ける人事制度が維持されている限り、総人件費削減の解決策には結びつかないのである。

以上見てきたように、役割給などや「日本的ジョブ型」雇用は亜流にすぎない。もし総人件費問題を解決して賃上げを持続的に行おうとするなら、米欧型の職務給＝職務主義に切り替える以外にないだろう。

そのためにはサラリーマンの雇用システムを根本的に変えねばならない。しかし、はたして日本国民に雇用崩壊につながりかねないそんな命題に挑む勇気があるのかどうか。思考を１８０度変えることができるのかどうか。それはまさに日本社会の構造変革に連なる大問題なのだ。草食動物でありながら、肉食動物の必要部分を取り入れ、生き残りを図るという大手術をしなければならないのである。

スペシャリストで命拾い

バッドマークのタコツボで二十数年

K氏は地方の名もない私立大学を出て地元の中堅不動産会社に就職。用地査定部門に配属され、数年たったとき、会社は大手の不動産会社M社に吸収合併された。そこでも査定の仕事に従事し、もう40歳代後半に入っていた。

無口で地味ときていて、対人関係は苦手だ。日本全国の現場に足を運び、物言わぬ土地相手に仕事をしてきた。大ベテランではあるが、マンネリもいいところである。

M社には一応、途中入社扱いになるが、いわゆる同期の連中はほとんどが部長か課長に昇進している。だがK氏はずっと係長のまま据え置かれてきた。酒好き麻雀好きの上司とはそりが合わず、昇給や昇進ではいつも冷や飯を食わされている。

それでいて、査定部門ではなくてはならない人材なのだ。それにはわけがある。毎年4月の人事考課の時に極端に低い点数をつけられ、それにより、部門内で評点の高い同僚たちの平均点引下げに利用されてきたのである。

この会社の人事部は、各部門の考課点数が平均化するように求めている。だから同一部門内に評点の高い同僚たちが大勢いると、人事部から評価の見直しが求められるので、K氏の存在は部門長にとっては都合がよかった。

K氏も黙っていたわけではない。何度か他部門への配置転換を求めてきたが、ことごとくつぶされた。おいしいエサを逃したくないというのが上司の本音だし、他部門の長たちも、何か人間的に問題があるに違いないと、点数の低いK氏の受入れに難色を示したのである。

財閥系のこの会社では、人事考課で一度バッドマークの烙印が押されてしまうと、消すのはほとんど不可能だ。生涯、付いてまわる。一応、職能等級制度が採用されているけれど、正しく能力が評価されているとは言い難い。といって、米欧とは違って職務内容は考慮の外だ。かくしてK氏はバッドマークのタコつぼに閉じ込められたまま、二十数年を過ごしてきたのだった。

会社業績が今のまま良好であり続けるなら、己を殺して我慢さえすれば済むことだ。そこそこに給料がもらえて家族を養える。不満ではあるが、何の取り柄もない自分にとって、ここしか生きる道はないと今では諦めていた。

スペシャリストで命拾い

突然の早期退職募集

ところが最近、その会社業績に陰りが出てきた。海外で積極展開していた複数の大型不動産事業が赤字に陥ったのである。「物言う株主」である外国の有力アクティビストが、早急の収益改善策を求めたのだ。

経営陣も渡りに船と考えたのか、この機に余剰人員の削減に動き出した。大々的ではないが、リストラの波が押し寄せてきたのである。45歳以上の社員を対象に、早期退職者を募集するという。

案の定、査定部門では真っ先にK氏が呼ばれた。募集といいながら、実態はほぼ強制指名に近い。上司は恫喝と説得を交互に使いながら、しつこく迫ってくる。ハラスメントにならないように、その境界付近の慎重さで、人事査定の件も持ち出し、会社に居続けるのが困難なことを伝えた。

退職金の上積みはそこそこもらえても、K氏には肝心の転職のめどがまったく立たない。自信がない。せめて他部門にいた経験があれば助かるのだが、用地査定一筋ではどうにもならないのである。それに1人の部下も持ったことがない。

K氏は必死に断った。そのうち人事部も乗り出してき、次第に包囲網が狭まってくるのを感じる。「1年間は仕事をしなくても、会社に出てこなくても、給料を払うから」と言われ、とうとう根負けし、受諾させられた。

そして、会社が契約したリストラ専門のコンサルタント会社へ出向き、カウンセリングと称する面談を受けながら、転職活動に乗り出した。ターゲットにされた他の仲間たちの動きも気になる。早々と決まる者もいれば、自分と同様にもたついている者も多い。50歳を超えた連中は相当苦戦しているようだ。

心細いながらも、家族を養わねばとの思いで精いっぱい動いているのだが、うまくいかない。1次の書類エントリーの段階で全部断られた。

不安はますます募る。はたしてこんな自分を拾ってくれる会社などあるのか。妻を心配させたくないので、コンサルタント会社へ行くと言って家を出るが、足は日比谷公園へ向かっている。そこのベンチで過ごす時間が増えた。

スペシャリストで命拾い

アメリカの会社からまさかの面接の誘い

ところが5カ月ほど過ぎたころ、思いがけない事態が起こった。コンサルタントが紹介してくれたアメリカの不動産会社の日本法人が、面接したいといってきたのだ。1年ほど前に日本へ進出してきた会社らしい。

K氏は耳を疑った。英語はからっきしダメなのに外資だなんて…。それに経験した仕事の分野も非常に狭い。からかわれているのではないかと、やや憤慨気味にコンサルタントに聞いてみた。

「いやあ、それはないでしょう。せっかくのチャンスですからね。当たって砕けろ！ですよ」と、激励とも慰めともつかない言葉で背中を押された。

面接日がきた。その日本法人は青山1丁目にあった。9階建ビルの3フロアに入居している。

エレベーターを降りた。まず驚いたのは立派なオフィスの造作だ。透明な総ガラス張りの壁の向こうに、木目調の重厚な感じの受付デスクが見える。ベージュ色の厚いじゅうたんがびっしり敷き詰められ、壁に掛かっている大きな絵画もいかにも高価そうだ。

デスクには聡明そうな若い女性が2人、姿勢を正して座っている。これが外資系なのか。K氏は圧倒されそうなほどの威圧感を覚えながら、ともかく近づき、用件を伝えた。すぐに応接室へ案内され、ほどなくして日本人が現れた。名刺を見ると、人事部長とある。意外に若そうなので驚いた。彼は運ばれてきたコーヒーを勧め、コチコチに緊張したK氏をリラックスさせようと、しばらく世間話に花を咲かせた。

さあ、いよいよ面接が始まるのだ。いったい、何を聞かれるのだろう。K氏は気づかれないように深呼吸を繰り返して戦いに備えた。そうだ、戦いなのだ。

と、人事部長が「では、まずミスタートンプソンにお会いいただきましょう。通訳は準備していますから」と言って、ついと立った。「おや、人事部長が相手ではないのか?」とK氏も後を追い、背の高い外国人がいる個室へと移った。中には女性通訳が控えている。人事部長は「ご幸運を」と言い残してドアから消えた。

K氏は生まれて初めて外国人に対面し、すっかり上がってしまった。胸の動悸に圧

スペシャリストで命拾い

されながら、落ち着け、落ち着けと、懸命に心に話しかける。質問は仕事に関すること で始まった。こちらの能力を確かめようとしているようだ。いったい自分が何をしゃ べっているのかさえわからない。他に趣味などにも話題は飛んだが、仕事のことを集中 的に聞かれたことだけは覚えている。

小1時間ほど経ったころ、今度はミスタートッドという人の部屋へ通訳と共に移動し た。そこでも1時間ほど同様の質問を受けたあと、またもや別の外国人による面接が あった。何だか小突き回されているような感じである。名前など覚えていない。

そのうちようやく最初の応接室へ戻された。とっくに12時を回っている。秘書が運ん できたサンドイッチをコーヒーで流し込んだ。しかし、食べた気がしない。人事部長が 顔を出し、「いかがでしたか?」と優しい言葉をかけてくれた。少し休憩したあと、「今 度は日本人マネジャー2人にお会いいただきます。これでおしまいですから」と、下の 階の個室へ案内された。

捨てる神あれば拾う神あり?

ようやく面接が終わった。外国人3人、日本人2人だが、とうとう人事部長との面接はなかった。K氏はもうくたくたに疲れてしまった。

質問内容は皆、ほとんど同じである。それならそれで、どうして日本企業のように面接官が一堂に会して質問してくれないのか。何と非効率なやり方だろうと、大いに不満であった。都合5人もの外国人や日本人の部屋をぐるぐる回った勘定だ。何だか弄ばれた気がし、外資系ではとてもやっていけそうにないと思った。第一、仕事のやり方が日本企業とは根本的に違うような気がする。

「だが…」とK氏は弱々しく自分に反論した。自分にはここしかない。帰宅して家族の顔を見、その思いが激しく心を揺さぶった。面接してくれたのはこの会社だけなのだ。何とかもぐり込めないものか。

いやいや、こんな自分を拾ってくれるほど世間は甘くはないぞ。45を超えているというのに、部下もない万年係長の分際である。K氏の心はあっちに揺れ、こっちに揺れしながら2日間を過ごした。コンサルタントに報告することさえおっくうで、連絡をしていない。缶ビール片手にぼんやりとテレビを見ていた。もう夜の9時に近かった。

そのとき電話が鳴った。何だ、こんな時間にと耳に当てると、コンサルタントの上ずった声が飛び込んできた。合格したことを二度ほど繰り返し、「おめでとうございます」と言った。

まさか…、K氏はうれしさ以上に信じられない気持ちのほうが強かった。相手はそん

スペシャリストで命拾い

な疑問を察知したのか、「あなたのスペシャリティが評価されたのですよ」と付け加えた。土地鑑定という専門性と豊富な経験が評価されたというのだ。

この会社は世界のあちこちで不動産を買い上げ、付加価値を高めたうえで売却し、利益を得ていた。日本法人でも同様の事業をしようとしている。そのため優秀な査定マンを1人でも多く必要としていて、K氏の能力はまさに求めていたものだと、コンサルタントは付け加えた。

捨てる神あれば拾う神ありか…。K氏は査定部門に長い間閉じ込めておいてくれた上司に心の中で感謝した。

第5章

入口から違う
ジョブ型雇用

アメリカの就職活動は千差万別

アメリカには日本のような新卒一括採用はない。通年採用である。転職があたり前の社会なので、いつ自社の誰が辞めるか、あるいは逆にどのタイミングで優秀な人材が現れるかわからない。職務やポストに欠員が出たり、増員の必要が生じた時に、随時、募集する。ただアメリカでは、業種によっては投資会社やコンサルタント会社などではある程度の人数を一括採用し、教育訓練をする会社もある。

学生はいつでも、たとえ学校を卒業してから数年たっても、入社試験を受けられる。大学の卒業式が行われる5月、6月になっても、就職が決まっている学生は半分ほどだ。しかし、就職していない学生に焦る様子はない。日本と大違いである。日本ではたとえ1年であれ、就職に遅れた学生は非常に不利になるからだ。

大学は入学よりも卒業のほうがはるかに難しい。毎日の勉強が大変で、就職活動をする時間などない。そもそも彼らには、卒業した時に就職先を決めておかねばならないという考えがないのである。

また学生は会社を選ぶ際、有名企業や大企業というよりも、自分のキャリアをどう高めるかという観点から判断する。生涯を通じて、自分のスキルをどのように磨き、どのような分野で、どのような仕事を究めるか、そういうロングスパンの目標を人生の基軸に据えて行動する。そのためには転職をいとわない。

就職活動の方法や時期は人それぞれ。卒業前後から企業に申込書を送り、３〜４カ月で内定を得て働き出す人が多いようだ。そうかと思うと、卒業後１年間、世界一周の旅に出て見聞を広める人もいる。あるいは、３年生の時にすでに内定を得ていたり、卒業後の数年間は試用期間としてトレイニーのポジションで働く人もいて、千差万別である。

大学は単位制のため、卒業に必要な単位さえ履修してしまえば卒業できる。４年間待たなくても、３年間で卒業する学生もいる。だから就職する時期はばらばらだし、日本でよくある「まだ内定をもらっていない。どうしよう」とか「就職浪人したら来年は受験資格がないのでは」といった焦りとは無縁である。

「新卒」「総合職」はない

ジョブ型雇用の世界には、「新卒」という採用枠はない。欠員が生じた時に、学歴と実務経験を重視して、即戦力となる人材を募集する。この一つのポジションをかけて、新卒も既卒も中途採用者も同じ土俵で戦わねばならない。

日本のように「まっさらなまま採用し、時間をかけておいおい教育しよう」などという悠長な考えはないので、学生にとっては実に厳しい戦いである。しかしこの戦いに勝たねば就職できないのが、アメリカ社会なのだ。弱肉強食、競争社会の最たるものだろう。

そのために学生は在学中に必死で勉強し、良い成績をとろうとする。大学名、専攻学部、成績、そして最終学歴は修士か博士か、これらは最初の就職時だけでなく、後に転職する際にも合否に影響を及ぼす。ある意味、学歴は一生涯ついて回るといっても過言ではない。アメリカ企業は露骨なまでの学歴主義なのだ。

日本のような総合職採用はない。あくまでも職務、ポジション、ポストに適合する

図表18　米欧は学歴主義である

学歴は生涯ついて回る➡人生の生き方を決める

就職時に重要な事項

- 資格（修士号、博士号）保有者か
- 大学名と最終学歴が重要
- 成績、専攻学部、研究内容が重視される
- インターンシップは必須
- スカラーシップ（奨学金）取得は成績優秀者の証

学生を採用する。だから、例えば経理職という「職務」で採用された人材が、営業職に異動になるということはまずない。原則、採用時に取り決めた職務範囲から外れる仕事には従事しないのである。

採用・不採用を決める権限は人事部にはない。その採用対象者の部署のマネジャーが面接試験を行い、決定する。マネジャー（ボス）には採用のみならず、部下の昇進や解雇に関する権限もあるのだ。

では人事部は何をするのかというと、採用のサポートや給与・年金関係の事務などを管理し、裏方に徹するのである。

重要な大学名と最終学歴

採用にあたり、企業は有名一流大学を高く評価している。なかでもアイビーリーグと呼ばれるハーバードやイエール、コロンビアなどの名門8大学の学生は引っ張りだこだ。と言っても、誰でもいいというのではない。学業成績優秀者に限るのである。

アイビーリーグも含め、アメリカの大学では入試の合否は学力だけで決めない。日本のセンター試験のようなものに加え、エッセイ、スポーツや音楽などの課外活動での実績、ボランティア活動など、幅広く総合的に評価して決めるのだ。日本のような「出たとこ勝負」的な試験用紙の上の暗記力テストではなく、人間性や人格、地頭の良さ、伸びしろなどを見ている。

だからアイビーリーグ大学でさえ、２年生の数学授業などでは日本の高卒レベルのところもある。しかし特筆すべきは、在学中に猛勉強することだろう。膨大な宿題を課され、予習もせねばならず、図書館に缶詰めにならざるを得ない。しかも授業中は積極的な意見発表を求められ、勉強また勉強の毎日だ。これについていけない学生は容赦なく落第、退校を余儀なくさせられる。

単位を取得するにはテスト成績だけでなく、出席日数、授業態度、提出課題、レポート、発表態度などが総合的に判断される。

このようにして鍛えられた学生、とりわけアイビーリーグの学生は、修士を終える頃には東大理系院生も及ばないほどの世界の大学トップクラスの学力を身に付けているのである。加えてその過程で、将来の企業や団体のリーダーになるためのリーダーシップ教育をされているのを忘れてはならない。要は学問も含めたトータル人間教育がアメリカの大学、大学院なのである。

そういうわけで、アイビーリーグを始めとする有名大学の修士卒または博士号保有者は、トップ企業へ入社する最短のパスポートを手にする。もちろん入社時の給与も高く、いきなり部下持ちの管理職に就く人もいる。

重視される成績や専攻学部、研究内容

新卒者に対しても企業は容赦なく即戦力を求める。選考するにあたり、専門知識と並んでインターンシップも含めた実務経験の両方を前提に面接する。

学生もそれを知っていて、授業で専攻する科目や研究テーマ、研究室を選ぶのは真剣だ。将来、自分はどういう分野に進むべきか、そのためにはどんな勉強をすべきかと常に考えている。教授も学生に「君は何になりたいのか」「何をしたいのか」と、しきりに問いかけ、職業意識を目覚めさせることを怠らない。

例えば、就職時、企業の経理職の募集に法律専攻や文学専攻の学生が応募すること

はない。銀行のトレーダー職に理学専攻の人は採用されない。在学中に専攻した内容は企業の募集職務に直結しているのが前提である。

大学での成績も合否の重要な指標となる。ＧＰＡという成績評価基準がある。大手企業では応募の必要最低条件として４点満点中、３・０上を課しているところが多い。給与が高く人気のある投資銀行では３・５以上しか受け付けないところがあるとか。

日本では、有名企業でもこれほど成績を重視している会社はないだろう。たいていの会社は有名大学であればＯＫという「大学名」基準なのだ。あるいは、「どんな大学であれ、大学の勉強と実践は別」ということを知っているから、成績に無関心なのかもしれない。

これに反し、アメリカでは大学での勉強は実践的だと認識されている。だから「ＧＰＡの高い学生は仕事においても優秀な人材だ」と、みなされる。このように大学の勉強が将来のキャリアに直結しているため、学生は必死に学業に励むのだ。

さらに、そんな多忙ななかでも、何とか時間を見つけて実務経験を積もうと、インターンシップに精を出すのである。

インターンシップは必須

新卒者は経験豊富な転職者と同じ土俵で戦って、採用試験に合格せねばならない。そのためにも目指す職務、キャリアの実務経験を積んでおく必要があり、インターンシップへの参加は必須である。

学生は勉学に励むだけでなく、高校・大学に在学中から夏休みなどを使い、企業が実施する長期インターンシップに積極的に参加する。1週間そこそこの短期ではない。月単位や1~2年間の夏休みを使った長期インターンシップに参加するのだ。

学校で学んだことを企業で実際に経験し、スキルや技術をある程度学び、卒業後すぐに即戦力として働けるように準備するためである。インターンシップをしない学生はいないといっても過言ではない。

インターンシップは就職先探しでもある。自分が望む企業のインターンシップに入り込めれば大成功。大学で学んだことをそこで実践・経験しつつ、その部署のボスに能力を認められれば就職内定を得られる。たとえ望む企業が見つからなくても、同じ業界なら構わない。面接時に実務経験として生きてくる。

このように、早くから将来の自分のキャリアパスを決め、学業と実務経験を積んだうえで面接に臨むのである。そして企業が求める条件とマッチする学生が、内定を勝ち取ることができるというわけだ。長期インターンシップは、就職成功への有効なカードだといえる。

こんなふうに見てくると、日本企業の新卒一括採用は、学生にとっては楽かもしれない。インターンシップといっても、せいぜい1週間程度だし、会社内の実務をするわけではない。また、企業は学部や専攻内容、学業成績はあまり関係なしに、ばさっとまとめて採用してくれるのだから、大学4年間の学生生活はある意味、天国なのか。

スカラーシップ（奨学金）の取得は有利

アメリカの大学でスカラーシップを得ることは、経済的なメリットだけでなく、同時に成績優秀者だという証になる。履歴書に書いてアピールできるので、書類選考時に非常に有利である。だから成績優秀な学生は、積極的にいろいろなスカラーシップに応募し、アピールポイントを増やそうと努める。

学歴以外で判断する日本企業

日本はアメリカと逆である。社員の採用は個々にやるのではなく、毎年春に大量の新卒者を一括採用する方式だ。

しかもその採用過程では、学歴で差別するのを避けようとするところがある。大学名を伏せて面接するばかりか、学業成績にもあまり関心がなく、むしろ課外活動やボランティア活動を重視するなど、学歴以外で人材の良し悪しを判断する傾向がある。

インターンシップに関しては、多少の改善がなされた。これまでインターンシップの学生情報を企業が採用選考活動で使うことを禁じていたが、2025年卒採用のインターンシップから使えるようになったのだ。

しかし相変わらず多くの条件を付しており、アメリカのような学生、企業共にメリットを得られるものとはほど遠い。今すぐにでも自由に採用選考に関連させ、本格的に学生に実務経験をさせることこそが両者にとってウィンウィンであろう。

そんななか、日立製作所が２０２１年度から始めたジョブ型インターンシップは画期的である。まさに職務給型なのだ。職種や事業領域に分けた４００ほどのテーマ（ジョブの内容）を用意し、インターン生を募集している。彼らは興味のある職務を選択して経験し、気に入ればジョブ型採用で応募も可能だという。大量一括採用されて「配属ガチャ」で職場を決められるという心配がなくなり、入社後の職務のミスマッチ防止になりそうだ。多くの企業に後続してほしいものである。

話は飛ぶが、最近は履歴書や職務経歴書から名前、性別、年齢、学歴などの情報を除外して、能力のみで評価して採用する「ブラインド採用」が増えているそうだ。その目的は、選考の過程において職場の多様性推進の妨げになる無意識の偏見や先入観が入り込むのを防ごうというのである。

はたして、こんなことで該当職務をこなせる適切な人材を見抜けるのだろうか。企業目的が「多様性」の啓発だけなら、これでいいかもしれない。しかし「利益追求」

をするのなら、情報が不足してしまい、的を射た採用方法とは思えない。

もし日本がこれまでどおりの年功序列・職能等級賃金・終身雇用に固執するのなら、これでもいいだろう。しかし、国をあげてそこから脱却し、職務給型・ジョブ型への移行、最終的には終身雇用廃止を目指すのなら、頭の切り替えが待ったなしである。

ところで余談だが、学歴主義といえば、国連を始めとする国際機関はその最たるものだ。職員採用の条件として、語学力以外に修士号か博士号所持者と明言している。日本企業が新卒採用で博士などの高学歴者を敬遠する姿勢とはえらい違いである。日本企業が高学歴者を嫌う傾向が続くかぎり、高学歴者は増えず、国際機関で働く日本の若者はますます減るだろう。これは日本国にとって誠に憂うべき事態である。

サラリーマン悲喜こもごも

光学部門がドイツの会社へ売却

工作機械や車載用製品などを多角的に製造する日系の大手機電メーカーA社に、レンズなどの光学機器を製造する事業部があった。A社は事業再構築が遅れて業績が芳しくなく、株価が低迷していた。しかし光学事業は従業員百名弱の小さな規模ながらも安定した収益を稼いでいる。

新しく就任した社長はやる気まんまんである。果敢に事業の再構築に乗り出した。その一つとして、コアビジネス（中核事業）からはずれている光学部門を、工場と従業員のパッケージで突然、高値でドイツの会社B社に売却した。百名は否応なく外資の日本法人C社に編入されてそこの社員になったのだが、その結果、悲喜こもごもの運命が彼らの上に降りかかる。

ドイツ本社B社から派遣されてきたC社の社長のカール（仮名）は、予想もしない行動に出た。最初に全員の給料を大幅に引き上げた。工場で生産に従事するブルーカラーたちは、外資への身売りを知って意気消沈していたが、職場環境はそのままで、しかも給料が上がったことで素直に喜んだ。だが学歴が高いホワイトカラーにとっては複雑だった。

例えば中央研究所で光学機器の研究開発に従事していた2人の中堅技術者、田宮と大山（共に仮名）。彼らはどう変転したか、その跡をたどってみよう。

中堅技術者 田宮・大山のこれまで

さすがA社は老舗大企業だけあって、全国の有名大学から大勢の理系学生が入社してくる。田宮は早稲田の理工学部修士、大山は東工大を出ている。2人とも英語はしゃべれない。あえていうなら英検の2級程度だろう。ただ受験勉強をしただけあって、書くのは一応、できる。

同期で入社して10年余りがたった。光学部門は社内では亜流で肩身が狭い。最初、そこへ配属されて2人はがっかりした。入社試験の面接時には興味のある職種を伝えていたのだが、いざ入社してみると、何だかガラガラポンで配属先が決められた感じがした。基本的に日本企業では配属先は人事部が決めるのである。

こんなことになるのなら、別の会社へ行っておけばよかった。M重工やH製作所にも行けたかもしれない、と思った。しかし2人とも根が真面目で優秀な研究者である。数年後には結婚もし、家族が増えることだしと、光学機器研究に打ち込むことに自分を納得させた。

さて田宮は会議などでは積極的に意見を述べるし、さらに聞き上手。それでいて社交的である。欠点といえば、やや我が強いことだろうか。一方、大山は寡黙でおとなしい。あまり自己主張をするタイプではない。親分肌で権力志向の三重野事業部長は、自分に従順な大山に好印象を抱き、人事考課では何かと彼を優遇した。そして昨年、修士の田宮を差し置いて大山を課長代理に抜擢したのである。

当然田宮は面白くない。大山より歳も2歳上である。だがそんな気分は今に始まったものではなく、何年も前から引きずっている。上から嫌われていることは肌で感じていた。何度会社を辞めようと思ったかしれない（こんな形で人生を終わらせるわけにはいかないぞ）。いっそ公的資格を取ってみたらどうだろうと、弁理士に挑戦したこともあった。し

かし法律の勉強は自分に合わないとわかり、早々と諦めた。

とはいえ、資格にはこだわった。今度は技術のわかる会計士はいないだろうと、突拍子もなく公認会計士を目指した。そのためまず簿記に狙いを定め、水道橋にある簿記の日曜教室へ通う。そして8カ月ほどして日商簿記1級に受かり、「よしっ」と、続けて書店で会計学の本を買って読み始めた。ところがその後、日常の仕事に忙殺されて時間がなくなり、結局、会計士も諦めることになる。そうこうするうち、所属部門がドイツ企業B社へ売却されたのだった。

外資になってからの2人

外資になって、田宮の胸は晴れ晴れした気分でふくらんだ。生き返った気がした。第一、嫌な三重野事業部長はA社に残ったので、いや、残されたので、今では無縁である。これほどうれしいことがあるだろうか。それに新社長カールが研究開発にどんな戦略を打ち出してくるのかも楽しみだ。

第六感だが、カールとは何となく馬が合いそうな気がする。歳も自分とあまり変わらないのではないか。本社では光学機器営業のディレクターをしていたという。積極的で行動的な性格が見てとれた。早く日本市場を知ろうと、日本人部下たちから知識を吸収するのに余念がない。

田宮はエクセルやワード、パワポのスキルに秀でていた。製品開発のルーティンワークに従事する傍ら、そのスキルを駆使して、積極的にマーケティングや製品に関する資料を作成し、カールに上申した。技術屋の枠にとらわれない、ある意味、はみ出し者といえよう。

日本企業では決済の段階を飛び越えて幹部と接触するなどあり得ないが、カールはお構いなしである。外資とはこういう風景が普通なのだろうか。田宮にはうれしい戸惑いである。一方、大山は以前と変わらず、黙々と研究業務に励んでいる。

ある日、ドイツ本社から光学機器事業の幹部数名が来日した。カールは自分を売り込むチャンス到来と、張り切った。いくつかの会議を主催し、その一つに新製品開発会議があった。田宮はカールに命ぜられ、知恵の限りを尽くしたプレゼン資料を作成。マーケティング動向、顧客ニーズ、開発コスト、投資回収など、以前勉強した簿記会計の知識を総動員して作ったものだ。簿記の勉強がこんなところで役立つとは思いもしなかった。

英語はうまくしゃべれないけれど、内容には自信がある。大山も同席するなか、プレゼンターを務めた。相手がわからなそうな表情をした時はすぐさまホワイトボードに英

サラリーマン悲喜こもごも

語の単語や文章を書いて理解させる。

プレゼンの最中にひっきりなしに質問が飛んだ。ROE（株式資本利益率）、費用対効果、投資効率、損益分岐、減価償却、資本効率などの会計用語が飛び交い、技術会議どころか、まるで経営会議の様相である。前の日本の会社なら、「技術屋のくせに会計知識などを見せびらかせて…」と、鼻つまみされるのが落ちだが、それが今回はかえって田宮の評価を高める結果になった。簿記1級程度の知識であるが、精いっぱい質問に答え、プレゼンを終えたのだった。

幹部たちが帰国して3週間後、田宮はカールのお供をしてドイツ本社へ初めて出張した。光学機器の世界会議があり、各国支社の代表が集まるなか、日本市場についてプレゼンをするためだ。前の資料に大幅な補足を加え、カールのアドバイスを得て会計的観点からの考察もさらに深めて臨んだ。

相変わらずつたない英語だったが、出席者たちは満足した。会議は成功だった。田宮は本社の信用を勝ち取ることに成功した。カールによると、米欧企業では事務系技術系を問わず、幹部はもちろん管理職は会計的な知識が必須であり、その意味で田宮は試験に合格したのである。もちろん本来の技術的優秀性があってのことではあるが。

明暗分かれる

帰国後、田宮はマーケティングマネジャーに昇格し、カールを補佐する重要な職務についた。もちろん給料も大幅なアップで、部下も付く。一時はヤケになって簿記学校へ通ったりしたが、運命とは不思議なものだと、つくづく思った。そもそも光学機器部門がドイツに売られていなかったら、今でも研究所の片隅でうずもれたままでいるだろう。運命の神に感謝したい気持ちになった。

一方、大山はどうなったかというと、日本での研究開発の中止が決まり、不運が訪れた。効率の観点から技術研究はドイツ本社で一括して行い、日本では不要だと決定されたのである。大山は工場にあるクレーム係のポジションへ左遷された。

田宮は複雑な気分だった。プレゼンも不得意で無口、しかも会計知識にも乏しく、自己PRが弱い大山には外資系は生き延びるのに難しい。日本事業が大規模なら配置転換も可能だろうが、その可能性はない。優秀な技術者がこうして殺されるのだろうか。運

サラリーマン悲喜こもごも

命というにはあまりにも寂しいと、自分の責任でもないのに心が痛んだ。

大山には話していないが、近いうち元の日本企業A社を訪ねて、大山が社員として戻れないかどうか、相談してみたいと思っている。

おわりに

グローバル経済で生き残るために

ここまで、ジョブ型の世界を日本の社会と比較しながら見てきた。それぞれの立場によって、好みの差はあれ、かなりの違いがあることはわかっていただけたと思う。

それでは、なぜジョブ型の世界に学ぶべきなのだろうか。それはグローバル経済で日本の地位が低下しているからにほかならない。地位が低下するとどうなるのか。自分たちが守りたい文化、大切なものが守りにくくなるのだ。

グローバルといっても幅広いので、まずは政府を始め多くの日本人が重視しているアメリカとの関係から見ていきたい。ご存じの内容かもしれないが、ジョブ型との関係を念頭に置きながら改めてお読みいただくと、また異なる世界が見えてくるのではないだろうか。

アメリカと日本の経済戦争

日米は価値観を共有する民主国家として友好的で、軍事的には同盟関係にある。しかし、経済的にはそうともいえないのではないか。むしろアメリカは国策として、日本の繁栄を望んでいないところがある。日本が繁栄して大きく羽ばたいた時は必ずたたきにかかる。それは幕末のペリー来航以来続いている。

近年の主な事例を二つあげたい。一つはプラザ合意に始まる日本のバブル経済への助長と、その後にぱんぱんに膨れたバブルを崩壊させて、日本経済衰退への道をたどらせたこと。二つ目はグローバリゼーションを仕掛けて日本の国内製造業を空洞化させ、金銭至上主義のグローバル・スタンダードを煽って企業の活力を減退させたこと。そして、結果として科学技術力を弱体化させたこと。

これら二つは、アメリカが日本に仕掛けた経済戦争の成果である。以下、順を追って説明しよう。本書をより理解してもらえるのではないかと思う。

１９８０年代は昭和最後の時代にあたる。日本はジャパン・アズ・ナンバーワンと称賛され、経済力・技術力の絶頂期にあった。

80年は日本の自動車生産台数がアメリカを抜いて世界一に躍り出た年だ。このニュースは全米を震撼させ、日本車への反感が沸騰。自動車産業の街デトロイトでは、日本車がハンマーでたたき壊されるパフォーマンスが派手に繰り広げられた。

当時、車や家電を始めとするメイドインジャパンの製品が怒涛のようにアメリカに輸出され、深刻な貿易摩擦（アメリカの貿易赤字）が起こっていた。業を煮やしたアメリカは、元凶であるドル高・円安を是正すべく、1985年9月、ニューヨークのプラザホテルにG5（日・米・英・独・仏）を集め、会議を主催。

各国に為替市場で協調介入する旨を合意させ（日本は無理やり合意させられた）、発表後の1日で、円相場は1ドル235円から一気に約20円下落。翌年には150円台、2年後には120円台にまで円高になったのである。

当然ながら、輸出減少により日本の国内景気は低迷するが、ここからの巻返しがすごい。内需拡大策として、日銀の低金利政策と金融機関による怒涛のような貸出しが続き、景気は回復に転じた。そして、円札の過剰流動性は地価や株式などの資産価格を高騰させ、未曾有のバブル景気が到来したのである。

しかし1991年、遂にそのバブルが崩壊し、資産価格の暴落と金融機関の倒産が相次いだ。以後、失われた30年といわれる塗炭の苦しみが日本経済を襲った。

中国が世界の工場に

バブル崩壊後、大やけどを負った銀行は「あつものに懲りてなますを吹く」を地で行った。巨額の不良債権を抱え、企業への貸出しを極端に渋ったのである。それに対し、資金繰りに苦しむ企業は、高くなる一方の円と戦いながら、歯をくいしばって奮闘するも、社員の雇用を維持するのが精いっぱい。

年功序列賃金で人件費が高止まりする国内で製造するよりも、円高を利用し、海外製造に活路を見いだす企業が増えた。アメリカ本土に工場をもつだけでなく、人件費が極端に安い中国へ進出する企業が時間と共に増えていく。日本で製造するよりも、中国から半製品か完成品を買ったほうがコスト的に安い。そんな風潮が産業界に広まっていった。

日本は気づいていなかったが、この流れは実はアメリカによる日本たたきのしたたかな戦略であった。長引く日本国内の不景気と円高（実際、95年4月には79・7円まで高騰）が製造業を疲弊させることを予見し、期待していた。

当時のアメリカ大統領クリントンは、日本よりも中国に好意的だった。端的にいえば、世界戦略の中で日本はどうでもよかった。関心は中国だ。中国を「戦略的パートナー」と呼んだ。チベットの人権問題にもあえて目をつむり、むしろ中国の近代化を助けることに舵を切り、中国経済が世界市場に組み入れられることを望んだ（ちなみに尖閣諸島は日本領だということを明言せず、中国の機嫌を損ねないよう、あいまいな言葉で濁した）。

アメリカによる世界支配戦略の一環として、中国と協調的関係を構築する。アメリカの資本と技術を中国に利用させ、経済的に繁栄していけば、やがて共産党的イデオロギーが薄まり、彼らを米欧の価値観の中に取り込めるだろう。つまりアメリカの覇権主義の傘下に入ることになる。

そう期待し、中国が熱望するＷＴＯ（世界貿易機関　World Trade Organization）への加盟を後押ししたのである。そして２００１年、遂に中国は念願のＷＴＯ加盟を果たしたのだった。

安価で豊富な労働力をもつ中国は、市場経済を手本とするアメリカン・スタンダードを巧みに取り入れ、世界の工場として繁栄の一途を辿る。アメリカも国益のためにそれを望み、ウィンウィンの関係だった。

このアメリカの動きを見て、日本も右へならえと、ますます中国に製造拠点を移し、国内工場の空洞化に拍車がかかった。当然、熟練技術者は失職し、やむなく家族を養うために続々と中国や韓国の工場へと転職。破格の高給で雇われ、日本の技術を移転させた。

それでも日本企業幹部は、中国から商品や製品を安く買えるので喜んだ。積極的に技術やノウハウを教えた。時が過ぎた今日、あれは間違いだったと気づくが、当時は誰もそんな考えをもたなかった。

ちなみに日本は、中国に1979年から2022年までに「無償資金協力」「円借款」「技術支援」などで3兆6千億円余りのODA（政府開発援助　Official Development Assistance）を提供してきたのである。

グローバル・スタンダード

世界中が中国熱に浮かれていた。そんなところへアメリカが日本に攻勢をかける。弱肉強食、市場原理主義、金銭至上主義を掲げるグローバル・スタンダード、つまりアメリカン・スタンダードの御旗だ。これの順守を小泉政権と財界に強く求めたのである。

その圧力に屈した日本は、猛烈なスピードで金銭至上主義へ向かって構造改革を進めた。市場原理さえ浸透すれば経済は回復するとの神話が吹き荒れる。

その一つに株主最優先の経営があり、これを企業に強いた。利益率、資本効率、ROE、自社株買い、ストックオプション、株価連動報酬、物言う株主等々、経営トップは意識の大変革を迫られた。「安かろう」が最優先の時代となり、その結果としてごまかしや虚偽、粉飾を誘発した。

「成果主義」が合言葉になり、企業は利益を出そうと、コスト削減に向けて必死になった。成果を出さねば事業部長はクビになる。何が何でも儲けねばならない。そこで多くの大企業が手っ取り早いところから手を付けた。

例えば品質検査。それに従事する人員を削減し、検査をしないか手を抜くかして、会社ぐるみの品質証明書偽造に走ったのだ。しかもそれを今日まで何十年間も続けていたことが発覚して、社会問題となるケースが後を絶たない。営々と築いてきた日本製品の高い品質が世界から信用を失ったのである。品質・安全関連費用を削減し、日本が築き上げて来た製造業世界一の地位は崩壊した。

利益捻出には手段なんか選んでいられないのだ。あろうことか、研究開発費用もばっさり削減された。技術立国だった日本がどんどん世界から立ち遅れ、今や周回遅れになった。直近のコロナワクチンの開発競争での完全敗北は、ほんの小さな一例だろう。

このようにグローバリゼーションは、日本にあった良き経営理念を根底から瓦解させ、企業の弱体化を招来したのである。真面目、正直、誠実、道徳、倫理という日本の企業人の伝統的価値観、いうなれば、日本文化の基幹部分が壊されたのだった。それはまさにアメリカが望んだ目標だったのである。

米中のガチンコ対決

ところがここにきて、状況が一変。中国による台湾や尖閣諸島、フィリピン、ベトナム等に対する領土的覇権主義が鮮明になる一方、コロナ禍に加えてロシアのウクライナ侵略、中国の重要希少物資の禁輸などが重なって、世界の供給網に異変が生じた。

ここに至る過程で、ようやくアメリカは対中姿勢を明確に変えた。またまた国益の観点から、今度は中国を敵とみなし、真っ向から経済戦争を挑んだのだ。

あれほど日本たたきに走っていたのに、日本を利用して共に戦う方針に大転換。日本も尖閣有事に備え、渡りに船だ。半導体など先端重要物資の製造工場を国内に建設するなど、日米は経済安保の下に共同歩調を取り出した。製造業の日本国内回帰が始まったのである。

しかし、だ。アメリカという国はその時々の国益で冷徹・非情に外交方針を決めてきた歴史がある。欧州も同じで、情緒や感情ではなく、あくまでも「国益」なのだ。日本は地政学的に中国と近い。米欧は日本を最大限、利用する必要に迫られている。ということはつまり、もし中国との経済戦争に勝ったなら、アメリカは経済力を取り戻した日本をまたたたきにかかる可能性が大だろう。まあ、でも、それはその時に考えればいいことだ。今は日本が再興することだけに集中すればいい。

金銭至上主義のグローバリズムの嵐は当面、世界で吹き荒れるだろう。日本だけが鎖国をするのなら別だが、今の時代、そんなことは無理な話。株主重視の政策を放棄するわけにはいかない。彼らと同じ土俵で戦いつつも、何とかして日本企業再生の道筋をつけなければならぬ。それが今、日本に課された喫緊の命題である。

といっても、そうは簡単にいくものではない。日本の企業体力は弱りに弱っている。

ではなぜ米欧が勝者になって日本が敗者になったのだろう。その原因を突き詰めてこそ、明かりが見えてくる。

だが答えは明白だ。それは年功序列賃金による高い総人件費が足を引っ張っていることに行き着く。

しかし、筆者は再生が不可能だとは思っていない。日本企業には米欧にない利点があり、一方、米欧は「働き方」で問題を抱えている。米欧では労働者間の階級格差があまりにも固定しすぎ、人間が普通にもつ「働くこと」「上昇すること」への意欲や希望を喪失させている深い闇があるからだ。

われわれ日本国民に改革の勇気があれば、再び日本企業が輝ける日が来ると信じている。その具体的第一歩は、まず米欧式の雇用形態を知ることから始まると言えよう。

〈日本の国力は衰退の一途〉

面白くないデータを羅列するのをお許し願いたい。まず現状を把握しておこう。認めたくはないけれど、日本の凋落は目を覆うばかりである。

まずはＧＤＰ（国内総生産）。２０１０年に中国に抜かれて3位に転落し、12年後の２０２２年には同じ3位でも額は中国の４分の１にまで激減。２０２３年にはドイツに抜かれ、４位になった。

また時間あたり労働生産性に目を転ずると、２０２１年にはＯＥＣＤ加盟38カ国中27位という効率の悪さ。１人あたりの労働生産性も29位で、これも似たり寄ったり。

平均賃金の低さでも負けていない。最も高いのはアメリカで年74・７万ドル。日本は韓国より下の39・７万ドルの24位で、アメリカの約半分。ＯＥＣＤ平均の51・６万ドルに遠く及ばない。Ｇ７だけで見ると、日本はダントツの最下位なのだ。

１９９０年から２０２１年までの31年間で、平均賃金がどれほど上がったのか。アメリカは2万７７６３ドルなのに比べ、日本はたったの２８３２ドルである。３千ドルにも満たないのだ。ちなみにカナダやドイツ、フランスなども、１万ドル以上増えている。

30年前の日本はイギリスやフランスよりも高かったのに、どうしたのだろう。はっきり言える事実は、日本は過去30年間で賃金がほとんど上がっていないということだ。サラリーマンの生活がどんどん苦しくなっているのである。

スイスのビジネススクールＩＭＤの２０２３年「国際競争力ランキング」評価によると、世界64カ国中、日本は35位となっている。首位はデンマーク。今や日本の経済力の衰退は否定のしようがないだろう。

また若者も日本の将来に希望をなくしている。２０２２年に日本財団が17歳から19歳までの世界６カ国の若者１０００人に、「自分の国が将来良くなるか」と尋ねたところ、日本は最下位の13・９％だった。１位は中国95・７％、インド83・１％、イギリス、アメリカ、韓国、日本13・９％。

日本企業も衰退の一途

昨今、多くの有名企業が経営難に陥り、あえいでいる。東芝は今も再建を巡って四苦八苦。シャープは台湾企業・鴻海精密工業の子会社となり、日本航空は一度、倒産して現在はどうにか立ち直っている。さらに音響機器メーカー・オンキョーの自己破産など、数え上げればきりがない。百貨店そごう・西武は米投資ファンドフォートレス・インベストメント・グループへ売却された。

「今日の大企業は明日の会社更生法」。そんな可能性が現実のものになった。一流の大会社にいるから安心というわけにはいかないのだ。いつ倒産、人員整理、特別退職募集が起こるか、はたまたM&Aをされて会社がなくなるか、予断を許さない。

要するに、企業が儲からなくなっているのである。その結果、思い切った技術開発や設備投資には二の足を踏み、会社は拡大、成長できないし、当然、社員の給料も上がらない。このように日本企業は負のスパイラルにはまり込み、グローバル競争から脱落しつつある。

確かに優秀な技術をもつ独立的な中小・零細企業もあるだろう。しかしほとんどの中小零細は大企業の下請けとして、受け身的にぶら下がっている。立場は弱い。

大企業は儲からなくなったら、経費削減の名目で、真っ先に下請企業からの購入価格を値切りにかかる。そうなると、中小零細は利益縮小どころか、コスト割れ状態に追い込まれ、社員の給料を上げる余裕がますますなくなるのである。中小零細が全労働者の7割を雇用していることを考えると、日本経済の沈滞は、むべなるかなだ。

どうする、日本

なぜ、そうなったのか。それは年功序列賃金と終身雇用を柱とする日本型雇用システムが限界にきているからである。企業の総人件費が雪だるま式に膨れ上がり、経営の足を引っ張っている。これが最大の原因なのだ。

大量の解雇に踏み切れる米欧と違い、日本ではいくら経営が悪化したからといっても、社員の解雇、人員整理が困難だという現実がある。だから労働法の整備が必要だという指摘がなされている。

でも、そうだろうか。第2章でみたように、実は米欧も日本も解雇の法規制には大差ないのだ。はっきり言うなら、「雇用システムが異なる」のが唯一の理由である。サラリーマンの働き方が異なるので、容易に解雇できる国（米欧）と、できない国（日本）があるということなのである。といっても、「へえー、そうなの？」と、ぴんと来ない人がほとんどではないだろうか。

筆者は解雇を奨励しているのではない。できることなら、働き仲間である同僚たちとは定年のその日が来るまで、同じ職場にいてもらいたいものだ。

しかし、グローバリズムがそれを許していない。世界の同じ経営土俵で、米欧は容易に解雇して短期間で経営を立て直せるルールで戦い、一方、日本はそれができないローカル・ルールで戦っている。ここに問題があるのだ。それでは、どうすればいいのか…。知恵がないわけではない。

政府が労働市場改革と職務給への移行を促す

焦りを募らせた日本政府は、企業に対し、成長して持続的な賃上げを実現するため、三位一体の労働市場改革を宣言し、それを実現するために職務給の導入を急ぐよう提言した。「職務に応じてスキルが適正に評価され、賃上げに反映されるよう、従来の年功賃金から日本型の職務給へ移行することが急務だ」と言うのだ。

確かに職務給は究極の解決策、ゴールだろう。しかし政府が一声叫んで簡単にできるような生やさしいものではない。これはもう、サラリーマンの働き方、ひいては人間の生き方や哲学、文化を根本的に変えるほどの社会的大変革なのだから。

日本企業がグローバル競争に生き残るには、結論を言えば、日本の雇用形態である現在のメンバーシップ型から、米欧型の職務主義へ移行するのが望ましい。しかし、その過程で日本人の意識の大変革を進めねばならず、これが非常に難しい。「そうは言ってもねえ…」と、気持ちは大いにあっても、手こずる企業がほとんどだろう。

だがその間にも年功序列賃金と終身雇用による人件費増はとどまるところを知らず、企業の儲けはどんどん減り続ける。そこで仕方なく社員の早期退職募集に踏み切るとか、工場閉鎖をするとかして、時間稼ぎをする。つまり社員のクビ切り、雇用崩壊がどんどん進むという悪循環が続く。

しかし、朗報もある。すでに職務給への先陣を切っているいくつかの企業がある。また全社的でなくても、特定の職務や専門職などで、従来の年功的な職能等級制度を廃止して、職務給に切り替えて成功している企業が増えてきている。日立製作所は職務ごとに役割や必要な技能を定めるジョブ型の人事制度を推進しつつあり、このように巨大企業が走り出したのは励みになる。

富士通はジョブ型雇用を導入して3年になる。雇用システムの改革を通じて成果と課題が見えてきたという。三菱ＵＦＪ銀行は２０２４年、50歳以上の行員が自ら異動を志願して別の部署で働けるようにする制度を導入する。人手不足に対処するため、みずほフィナンシャルグループも一定年齢で給与が下がる制度を撤廃すると発表した。

三菱電機は管理職などを対象に職務内容を明確にして、成果で処遇するジョブ型雇用を２０２４年度に導入すると発表した。海外拠点を含む管理職やエンジニアなどの高度専門職が対象となる。管理職には「マネジメントコース」を新たに設け、５０００超の職務を規定して6段階で評価。グローバル基準でのジョブグレード制度により、ジョブ型人財マネジメントへの転換を図る。

エンジニアや専門資格などを持つ高度専門職には「エキスパートコース」を設け、同様に6段階で評価。一般従業員も「プロフェッショナルコース」の創設など、人（能力を踏まえた役割の価値）を起点として、それに応じた役割・職務を付与する従来の考え方を踏襲しながら、役割の価値（ミッショングレード）を再定義して今日的な等級体系を整備する。

つまり等級や評価などの人事制度を刷新し、試験制度を完全撤廃して、年次に縛られない早期抜擢などを促すと共に、報酬体系も見直し、これまで事業の業績で決まっていた賞与を個人業績に直結する形にする。またキャリア形成を会社に委ねず自律的に取り組む「キャリアオーナーシップ」の育成につなげるとしている。

業種によっては、例えば不動産や生命保険、百貨店、スーパーなどの会社は比較的、職務主義へ転換しやすいだろう。こういった「販売スキル」が重視される会社では、少ない教育期間で戦力になれるのが強みだ。

だが日本全体としては遅々として進んでいないのが実情である。このままでは日本は滅びる。等閑視してよいわけではなく、人事改革は待ったなしである。そのことを認識せねばならない。

ゲームチェンジャーがある

ゲームチェンジャーという言葉がある。従来とは違う価値観や視点でそれまでの状況を一変させること、あるいはアイディア、そういう人などをいう。

日本企業は長きにわたり職能資格制度を全社的に維持してきた。過去には強みとなったが、今ではそれが足かせとなり、総人件費が膨れあがって身動きがとれない。というより、会社を維持できない。倒産の危機さえある。

しかし心配は無用。解決策はある。ゲームチェンジャーがあるのだ。それは、職能資格制度による日本独自のハイブリッド雇用である。入社から10年くらいは今までどおり全員平等に社員教育をほどこし、昇給・昇進もあまり差をつけない形で行う。つまり昇給・昇進の無間階段を上ってもらうのだ。ある意味、年功賃金でよい。職能資格制度でよい。ただし配属先の決定は本人の同意を得るように改める必要があるだろう。

その間、10年も経たないうちに能力の白黒がつく。能力のある人、普通の人、そうでない人の区分けがおのずからできてくる。つまり、35歳くらいで、職能給から職務給へと移行させるか、あるいは課長など管理職ポストに就く時から職務給へ移行させればよいのである。

このように、やる気のある若い間は会社がしっかり教育訓練し、モチベーションを高めてもらい、社業に貢献してもらう。そして管理職になるのを機に職務給を適用し、職能や年功ではなく、「職務」に応じて昇給・昇進・抜擢を行うのである。この職能等級と職務給の二段構え、ハイブリッドこそが職務給一辺倒の米欧に比し、日本が持つ強みであろう。

困難なのは事実であるが、改革は可能なのだ。

なかには販売業種など人材育成にそれほど長年月を要しない会社もあるだろう。わざわざハイブリッドの二段構えでなくても、短期間に職務給型に移行できる場合はそれに越したことがない。

人事政策が企業の命運を決める

人事というのは、地味な報われない仕事である。でも、会社としては、なければ困る存在でもある。営業のように華やかではないし、技術のように画期的な発明や発見はできないが、歴史上、今ほど人事部が必要な時はない。

なぜなら今、日本企業がグローバル競争で生存の危機にさらされているからだ。それを突破できるのは、人事部の戦略の正しさと、何が何でも遂行するのだという強い意志・根気力なのだ。

米欧企業の真似をすればよいというのではない。業種によって、いきなり職務給に移行できる企業もあるかもしれないが、ほとんどの企業にとっては、日本式と米欧式の折衷、つまりハイブリッド雇用がベストの戦略ではないだろうか。まさに、これこそがゲームチェンジャーなのだ。

しかし、ここで問題が起こる。それに要する労力である。大企業ならまだしも、中小企業の場合は大変だ。中小企業庁によると、2021年現在の日本企業数のうち、中小企業は336・5万社で99・7%、大企業1万364社で0・3%である。

ほとんどの中小企業において、人事部が充実しているとは思えない。職務給に向け、十分に対処できないのではないだろうか。しかし、従来の職能資格制度も使うハイブリッド雇用であれば、このゲームチェンジャーを何とか成し遂げそうだ。大企業はもちろんのこと、中小企業の人事部にも勧めたいと思っている。これこそ日本の強味なのだから。

ところで、会社がカンパニー制や事業部制をとっている場合には、問題が起こる。

本社と事業部門との調整に、ＨＲＢＰ（ＨＲビジネスパートナー Human Resource Business Partner）は汗を流すだろうが、現場の事業部門が独走する恐れがあるのだ。独立王国のように、イエスマンを生み出す専横人事に走る可能性がある。

それを防ぐために、私が勤務していたアメリカ企業では、従業員による通報制度をとっていた。不正や不都合に気づいた従業員は、直接、会社が提携する外部弁護士に通報できるのだ。通報しても上司を含めた会社の人は誰も知らない。通報委員会のメンバーだけが知っていて、適正に処理される。

通報制度以外にもう一つ、エシック・ポリシー（倫理規定 Ethic Policy）がある。毎年一月にＣＥＯを含む全世界の社員全員がエシック・ポリシーと呼ぶ小冊子にサインをせねばならない。「私は不正をしない」など十項目ほどの誓いを立て、このポリシーを常時、携帯するのだ。これら二つの制度は、事業部門の監視という点では有効ではないだろうか。

話は変わるが、この8月に内閣府が「ジョブ型人事指針」を発表した。そこでは20社のジョブ型人事の事例が紹介されている。管理職・非管理職の両方がジョブ型に移行している会社もあれば、管理職だけが先行していたり、ハイブリッド型を採用するなど、各企業の特質によって仕組みが異なっている。試行錯誤しつつ、前進しているのは心強い限りである。

最後になるが、今は緊急時である。人事政策の良否が、会社の命運を決めると言っても誇張ではない。人事部の双肩にかかっている。ご健闘を祈りたい。

〈著者プロフィール〉

仲　俊二郎（なか・しゅんじろう）

1941年生まれ。大阪市立大学経済学部（現大阪公立大学）卒業後、川崎重工へ入社。営業のプロジェクトマネジャーとしてプラント輸出に従事。その一つに20世紀最後のビッグプロジェクトであるドーバー海峡トンネルを受注し、成功させる。後年、米国系化学会社ハーキュリーズジャパンへ転職。ジャパン代表取締役社長兼人事部長となり、米国で３カ月アメリカ人事の訓練を受ける。日米合弁会社４社の取締役を兼務。ハーキュリーズ退社後、星光ＰＭＣ監査役を歴任。

主なビジネス書に「総外資時代キャリアパスの作り方」（光文社)、「アメリカ経営56のパワーシステム」（かんき出版)、小説に「ドーバー海峡トンネルを掘れ」（エコハ出版)、「そうか、そんな生き方もあったのか」「龍馬が惚れた男」「凛として」「大正製薬上原正吉とその妻小枝」「サムライ会計士」「この国は俺が守る」「我れ百倍働けど悔いなし」（以上、栄光出版社）等がある。

雇用のゲームチェンジャー
あなたの知らないジョブ型の世界

2024年11月20日　第１版　第１刷発行

著　者　仲　俊二郎
発行者　平　盛　之
発行所　㈱産労総合研究所
出版部　経営書院

〒100-0014　東京都千代田区永田町1-11-1　三宅坂ビル
電話　03（5860）9799　https://www.e-sanro.net
デザイン・イラスト　三稜工房
印刷・製本　中和印刷株式会社

ISBN978-4-86326-384-0　C2034